Scheiden in liefde

Scheiden in liefde

Willemijn Bessem

Een spirituele benadering

Voor Joost, Noa en Kay

Eerste druk, juli 2009
Tweede druk, mei 2011

Dit boek is ook te bestellen via willemijnbessem@hotmail.com

Fotomateriaal: Marco Eschler, www.eschlerfotografie.nl
Omslag en zetwerk: Sheer Design
Druk: Lerowi Scheveningen

ISBN: 978-94-90230-03-6
NUR: 728

www.sheerdesign.nl
www.lerowi.nl

Voor meer informatie over de auteur en haar werkzaamheden:
www.mediumschap.com

Lord, grant me the serenity to accept the things I cannot change, the courage to change the things I can, and the wisdom to know the difference.

Naar Franciscus van Assisi.

Heer, schenk me de rust om de dingen die ik niet kan veranderen te aanvaarden, de moed om datgene te veranderen wat ik kan, en de wijsheid om het verschil te kennen.

Inhoudsopgave

Voorwoord

Hoewel ik niet om een scheiding heb gevraagd, heb ik in mijn leven wel altijd gevraagd om inzicht en groei. Groeien in de bewustwording van de liefde die ik ben. Dat de scheiding een ´goede les´ is om dieper tot die bewustwording te komen was me al direct duidelijk, maar ik had een scheiding niet verwacht en vond dit helemaal niet leuk. Toch gaf dit mij de kans om te proberen mijn ex partner met liefde en vertrouwen te blijven benaderen, ondanks het feit dat wij helemaal niet meer op één lijn lagen wat betreft ons samenzijn. Ik voelde erg veel pijn en verdriet en probeerde onze communicatie tegemoet te treden met een houding van begrip en openheid. Uiteindelijk besefte ik dat ik niet de situatie kon veranderen, maar wel mijn opstelling. Dat we uit elkaar gingen moest ik leren accepteren en mijn verzet tegen een scheiding opgeven. Ik wist ook dat ik alleen in liefde van hem los kon komen. Dat ik alleen in liefde de situatie kon accepteren en weer open kon staan voor de mooie dingen die wel op mijn pad lagen, zonder vast te blijven zitten aan die ene persoon die mijn leven wilde verlaten.

Het is inmiddels zes jaar geleden dat wij apart zijn gaan wonen. In die tijd zocht ik in eerste instantie houvast in boeken of gesprekken, die mij inzicht konden geven over de noodzaak van deze scheiding. Maar gaandeweg moest ik ook het 'willen begrijpen' loslaten en gewoon stil zijn om te voelen wat er allemaal naar boven wilde komen en te ontdekken dat mijn gevoelens en emoties net zo veranderlijk en extreem kunnen zijn als het weer. Toen, na drie maanden begon ik met schrijven en heb alle fases die voorbij kwamen tot ongeveer twee jaar daarna precies zo aangegeven zoals ik ze gewaar werd. Hoewel dit een zogenaamde chronologische volgorde lijkt aan te geven kunnen alle gevoelens in een totaal andere orde of tijd voor jou naar voren komen. Het is natuurlijk een verhaal dat ik voornamelijk heb geschreven voor mezelf en wat ik wil delen zodat het jullie misschien tot steun kan zijn in deze moeilijke fase.

Vaak hoorde ik, dat een voorwaarde om deze gevoelens te verwerken 'het de ander vergeven' was, maar diep in mij voelde ik dat het proces van vergeving niet zo eenvoudig ligt. Immers, wanneer ik hem zou vergeven zou ik daarmee het gedrag van mijn ex-partner veroordelen, en daarmee de stappen die hij had genomen. Ook hij ademt en leeft het leven en doet wat hem op dat moment het beste lijkt. Wat zijn angsten, wensen of overtuigingen ook zijn, de drijfveren achter zijn acties zijn een combinatie van factoren die maken wie we zijn en wat we doen. Wanneer ik hem zou veroordelen zou ik mijzelf indirect ook veroordelen!

Ook ik word gedreven door het mysterie van het leven en doe dingen waar ik later op kan terugkijken om er achter te komen dat ik het nu weer anders zou doen. Vergeven zie ik dan ook meer als het vergeven van mijn eigen onbewuste oordelen en te ontdekken dat ik daar een keuze in kan maken. Voelen dat veel pijn en lijden voortkomt uit het vasthouden aan overtuigingen die zeggen: het had anders moeten gaan dan wat is gebeurd. Of iets anders werkelijk beter zou zijn geweest kunnen we echter nooit weten. Vandaar dat ik me juist door deze scheiding nog meer heb leren overgeven aan wat wel gebeurt en vooral ook de liefde probeerde te blijven zien in moeilijke tijden zonder dat oordelen en angsten dit inzicht hoeven te beletten.

Mijn opvatting over het leven is dat iedereen altijd met elkaar verbonden is. Dat geldt zeker voor de mensen waar je bewust een relatie mee bent aangegaan. Zo blijven mijn ex en ik ook altijd met elkaar verbonden, ook al leven we fysiek niet meer samen. De invloed en dingen die we samen hebben meegemaakt maken ons tot wie we nu zijn. Ik ben blij en dankbaar dat ik op deze manier op ´onze´ scheiding kan terugkijken. Dat ik van hem ben blijven houden, zonder dat dit me weerhoudt van andere mensen te houden. Mede dankzij hem heb ik misschien meer ervaren wat ´onvoorwaardelijke liefde´ inhoudt. Dat die liefde los kan staat van de behoeften en verwachtingen van het denken. Dat ik niet hoef te schrikken als alle negatieve aspecten van mijn ex en van mezelf naar boven dreigen te komen. Dat ik daar in alle rust naar kan kijken en tegelijk die liefde kan voelen die ons allen beweegt. De tijd die we samen hebben geleefd was diepgaand en mooi, voor zolang het duurde. We zijn samen gegroeid, hebben veel van onze dromen kunnen verwezenlijken. We hebben veel gereisd en twee mooie zoons gekregen. We hebben onze grenzen verlegd en geprobeerd te leven zoals wij dat voelden. Maar we moesten kennelijk weer verder, op weg naar andere lessen en nieuwe mensen.

Joost, dank voor onze tijd samen en de zorg voor Noa en Kay. Ook mijn ouders, zusjes en mijn broer wil ik danken voor de steun en het vertrouwen die ze mij hebben gegeven. Caroline en Raymond wil ik in het bijzonder bedanken. Twee trouwe vrienden die na de scheiding steeds een luisterend oor voor mij hadden met hun liefde en aandacht. Daarnaast wil ik iedereen danken die me heeft geholpen door er gewoon te zijn, bij wie ik mijn verdriet, wanhoop en verwarring kwijt kon en met wie ik mijn inzichten kon delen. Ook de vrienden die zelf zijn gescheiden en hun ervaringen met mij hebben gedeeld. Ik heb ook die ervaringen in dit boek verwerkt waardoor tal van situaties voor jullie zeker heel herkenbaar zullen zijn. Tevens wil ik graag Kees, mijn uitgever, danken voor zijn enthousiasme, vertrouwen en toewijding. Voor de duidelijkheid: je kunt op iedereen plek in het boek de vrouwelijke en mannelijke rol omdraaien en uiteraard gelden deze situaties ook voor partners van dezelfde sekse.

Als laatste dank ik mijn Schepper, God, de Universele Energie, Liefde, of hoe je dit ook wilt noemen. Dat wat mij heeft geïnspireerd om mijn ervaringen op te schrijven en te delen, zodat dit gehele proces van scheiden en schrijven ook weer een onderdeel is geworden van mijn zijn, mijn lijden, mijn genezen en mijn vreugde.

Waar de duisternis regeert is altijd licht, waar wanhoop ligt, is ook altijd liefde. Alles komt oorspronkelijk voort uit liefde, maar door de filter van het verleden kan het naar buiten komen als wanhopige, angstige en destructieve acties.

Willemijn Bessem
Scheveningen, juli 2009

Ze ademt diep in
Voelt de storm naderen
Brengt de aandacht naar haar hart
Waar de liefde haar kan verwarmen
Om haar voeten nog dieper te laten wortelen
In verbinding met de aarde
Zodat ze kan blijven staan
Totdat de wolken voorbij drijven
En ze de zon weer kan zien schijnen

Inleiding

Naar aanleiding van mijn eigen scheiding besloot ik over dat proces een boek te schrijven. De scheiding zelf was voor mij een schok omdat mijn perceptie van de relatie heel anders was dan die van mijn partner. Toen ik me realiseerde dat er weinig mogelijkheden waren om aan onze relatie te werken, aangezien je daar altijd twee mensen voor nodig hebt, werd het voor mij een tijd van overgave aan het proces van verwerking.

Scheidingen ontstaan door talloze redenen. In dit boek ga ik daar niet gedetailleerd op in. Maar in de meeste gevallen kan ik vast stellen dat er een gebrek is geweest aan goede communicatie. Communicatie met jezelf en met je partner. Angst, onzekerheid, de ander geen pijn willen doen, verwachtingen en, vooral, onwetendheid over hoe je kan communiceren kunnen het proces van openheid en eerlijkheid tussen partners verstoren. Een relatie vergt nu eenmaal gerichte aandacht waarin niet altijd alles vanzelf gaat. Wanneer dan bepaalde gevoelens na een lange periode wel op tafel komen, kan het gebeuren dat problemen zodanig worden uitvergroot dat van goede communicatie nauwelijks meer sprake is. Uiteindelijk kan in zo'n proces een scheiding volgen omdat je elkaar niet meer kunt bereiken. Uitzonderingen daargelaten, moeten veel partners na de scheiding de loskoppeling van de ander alleen verwerken.

Snelle scheidingen, vaak zonder dat de omgeving dit zag aankomen, komen tegenwoordig steeds vaker voor. De overwegingen om bij elkaar te blijven worden van steeds minder belang en de verwachtingen over een relatie zijn vaak hooggespannen. Ook door de onafhankelijke opstelling van vrouwen en de financiële ruimte kunnen partners het zich gemakkelijker permitteren om te scheiden. Een scheiding wordt in onze tijd ook veel meer gezien als iets ´gewoons´, wat eveneens de drempel verlaagt. Maar dat alles doet niets af aan de gevolgen van een scheiding, het blijft hoe dan ook een schok voor alle betrokkenen. Voor de partners zelf, voor de kinderen en voor familie, vrienden en kennissen. Mijn ervaring is dat ıedereen op zijn eigen wijze met de scheiding omgaat en geleidelijk probeert een situatie van rust en harmonie te creëren. In de praktijk is dit proces vaak moeizaam en langdurig. Eén van de belangrijkste oorzaken is dat veel partners zelf niet echt begrijpen ´waarom het zo heeft moeten gaan´. Daarnaast leeft bij hen de overtuiging dat ze gefaald hebben. Of ze leggen simpelweg alle schuld bij de ander. Het komt voor dat beide partners wel uit elkaar gaan, en niet meer die intimiteit delen, maar nog wel op allerlei andere gebieden volkomen met elkaar verbonden blijven. Continu laten zij hun eigen vrede of onvrede bepalen door hun ex-partner, omdat ze hun eigen angst, onvrede, schuldgevoel of woede op de ander blijven projecteren. Het idee van uit elkaar gaan maar wel verbonden blijven is vaak niet gewenst, maar komt wel vaak voor.

Ik ben ervan overtuigd dat niets zonder reden gebeurt en dat mislukken alleen bestaat in de wereld van het denken, niet in de wereld van de ziel. Het is mijn stellige overtuiging dat wanneer we met liefde kunnen kijken naar onszelf, alle ideeën over schuld kunnen wegvallen en we de kracht krijgen te doorzien waarom deze situatie zich in ons leven heeft voorgedaan.

Het is daarom belangrijk zo snel mogelijk op te houden om met de vinger naar buiten te wijzen en een begin te maken met de weg naar binnen en jezelf beter te leren kennen. Als je dat al zou doen tijdens de relatie dan zou dat misschien een scheiding kunnen voorkomen. Maar tijdens het proces van de scheiding is dit net zo belangrijk, als je tenminste in liefde wilt loskomen van je negatieve emoties. Je partner, maar eigenlijk iedereen om je heen, is in dit leven een spiegel waarin je delen van jezelf kunt ziet, die je niet altijd wil accepteren. Daarnaast spiegelen ze ook je conditioneringen en overtuigingen die je vaak beperken te groeien. Het is bijvoorbeeld een illusie dat je partner je ongelukkig maakt of je vrijheid beperkt. Het is een waanidee dat zij verantwoordelijk zijn voor je onvrede, geluk en verdriet. Wat je partner ook doet of laat, je bent en blijft verantwoordelijk voor je eigen gevoelens. Als je zelf de 'macht over je leven' in handen neemt door je niet als een slachtoffer op te stellen kan je meester worden over je eigen denken en handelen. Dan ben je op weg naar persoonlijke vrijheid! Wanneer je weet dat je alleen jezelf pijn doet, door telkens oplossingen te verwachten van je partner en te blijven vasthouden aan het verleden, zou je er zo snel mogelijk mee ophouden. Zij blijven immers de spiegel, net zo lang tot je datgene hebt geleerd waar je ziel om heeft gevraagd. Onbewust weten veel mensen dit ook wel, maar om geconfronteerd te worden met soms zoveel onmacht en verwarring is geen gemakkelijk proces. Juist in een crisis als een scheiding heb je de kans om dit proces bewust te doorleven, waardoor je je ware gevoelens en gedachten beter kan begrijpen en daarmee ook je eigen kracht en liefde diepgaand kan leren kennen.

Ik ontmoet mensen die na lange tijd, soms zelfs in een nieuwe relatie, nog steeds volledig 'door het lint gaan' over handelingen of woorden van hun ex. Van acceptatie en loskomen is bij hen nog helemaal geen sprake. Ze zijn nog niet naar zichzelf teruggekeerd en hebben nog niet de moed gehad hun eigen angsten te zien. De problemen uit de eerdere relatie keren vaak dan ook weer terug in een nieuwe relatie. Want in wezen zijn we alleen maar op zoek naar een liefdevolle relatie met onszelf. Als je dan uit een relatie stapt terwijl je jezelf op tal van eigenschappen veroordeelt loop je weg van een mogelijkheid om juist de relatie met jezelf te verbeteren.

Relaties zijn in eerste instantie bedoeld om jou te laten zien welke aspecten je in jezelf nog niet kent en je onbewust doen leven. Voor een werkelijk gelijkwaardige relatie kan je eerst dat bewustzijn en die vervulling in jezelf leren kennen. Zolang je nog een relatie aangaat omdat je denkt dat de ander in jouw talloze behoeften kan en zal voorzien, zul je tot de ontdekking komen dat deze vervulling slechts tijdelijk van aard is. Anderen kunnen je niet die volledige vrede en liefde geven waarnaar je op zoek bent, als je nog niet in staat bent die liefde eerst aan jezelf te geven. Een relatie is altijd aan verandering onderhevig, zowel in vorm als inhoudelijk. Wanneer jij of je partner niet durven open te staan voor deze natuurlijke groei, zal de relatie uiteindelijk geen stand kunnen houden.

Als er binnen een relatie kinderen worden geboren zullen de partners ook na een scheiding hun hele verdere leven met elkaar te maken hebben. De vorm van hun relatie is wel veranderd maar de verbondenheid blijft. Zeker als de kinderen nog jong zijn zullen ze vaak zelfs nog beter met elkaar moeten leren praten om goed te kunnen overleggen wat betreft de omgangsregelingen en de toekomst van de kinderen. Het is dan ook de verantwoordelijkheid van beide ouders, in het belang van de kinderen, om hun best te doen ook naar zichzelf te kijken. Alleen zonder verborgen agenda's, zonder schuldgevoelens en wrok kan een positieve communicatie over de kinderen ontstaan. Op die manier zullen de kinderen ook de scheiding beter kunnen accepteren, omdat ze zien dat hun ouders, ondanks de scheiding, respectvol met elkaar blijven omgaan. Zo leren ze dat het uiten van gevoelens en verdriet mag en dat je een ander niet hoeft te veroordelen als die dingen doet die jij, zeker als kind of jong volwassene, niet prettig vindt. Je kan in alle eerlijkheid aan je kinderen laten zien dat ook jij niet alles weet en het ook moeilijk vindt om om te gaan met veranderingen. En als je dan laat zien hoe jij op een positieve manier met zo'n, voor iedereen, moeilijke situatie kan omgaan door bij jezelf te blijven en de tijd te nemen voor verdriet, ja dan geef je kinderen een van de belangrijkste lessen mee voor hun verdere leven. Verberg je verdriet niet voor de kinderen, ze voelen toch wel dat er iets met je is. Als je het tegenovergestelde gedrag vertoont als reactie op datgene wat je voelt, worden ze onzeker. Zij mogen best zien en weten hoe jij je voelt. Als jij je eigen emoties serieus neemt, geeft je het juiste signaal af aan je kinderen dat zij dat ook mogen en kunnen doen.

Een scheiding kan je zien als iets wat je overkomt. Als een 'uit elkaar gegroeid zijn'. Iets wat wel went. Maar je kan ook de problemen tijdens de relatie en de scheiding zien als een uitdaging of een wake-up call. Een proces waar je van kunt leren en een situatie die je kan bevrijden van in de loop der jaren opgebouwde ideeën over hoe het leven, jouw leven, er uit zou moeten zien. Wanneer je die weg bewandelt ben je in staat jezelf en je ex partner te accepteren en te vergeven. Om los te komen van de ander is het verstandig je eerst bewust te worden van je eigen ideeën, verwachtingen en beperkingen. Precies zoals er ook een tijd is van loskomen van je ouders, door opnieuw te ontdekken wie je zelf bent, werkt het bij een scheiding ook. Door deze weg met je volledige aandacht te doorlopen word je een stuk wijzer en gelukkiger. Dan kun je weer een gezonde liefdevolle relatie beginnen, omdat je je eigen beperkingen en behoeften duidelijk hebt doorzien.

Wanneer je de liefde in jezelf herontdekt en je de strijd en woede binnen jezelf kan doorzien, door je emoties met begrip en liefde te omarmen, kom je vanzelf weer in contact met je diepere bron van natuurlijke vreugde. Van daaruit zullen de gedachten en gevoelens die je weerhielden om te genieten vanzelf oplossen. Maar dit proces kan soms langer duren dan je zou willen en kan je niet altijd afdwingen, hoe positief en opbouwend je gedachten ook kunnen zijn. Daardoor is het erg belangrijk met veel geduld en liefde met jezelf te leren omgaan in een tijd van scheiden.

Dit boek beschrijft de verschillende fases waar vrijwel iedereen doorheen gaat tijdens een scheiding. Scheiden lijkt in veel opzichten op een rouwproces. Iemand die je heel dierbaar was is plotseling of geleidelijk uit je leven verdwenen. Ik hoop dat alle verhalen en tips op de volgende bladzijden je kunnen steunen tijdens je eigen proces en dat je de scheiding, ondanks alle verdriet en pijn, ook met een gevoel van liefde kan doorleven. Dat je een scheiding ook kunt ervaren als een natuurlijk proces van een vaak diepgaande bewustwording, in plaats van als 'een mislukking'. Diep van binnen wil uiteindelijk geen enkele partner de ander afvallen, kwetsen of neerhalen. Daarmee kwets je ook de vader of moeder van je kinderen en haal je de schoonheid en liefde, die er is geweest binnen jullie relatie, naar beneden. De schade die daarmee wordt aangericht kun je misschien met deze spirituele benadering voorkomen.

De kunst van het liefhebben kan je niet alleen tijdens de relatie leren maar zeker ook tijdens een scheiding. De hoeveelheid liefde die je kan geven en ontvangen is volledig afhankelijk van de onvoorwaardelijke liefde die je voor jezelf hebt.

1. Voor de verandering

Wanneer is het begonnen? Een vraag die moeilijk is te beantwoorden, maar bij elke scheiding wordt gesteld. Als duidelijk wordt dat je van je partner bent verwijderd en jullie besluiten te scheiden, probeer je te begrijpen waar het is misgegaan. Pas als die vraag enigszins is beantwoord kun je je denken beetje bij beetje loslaten en je meer op je gevoelens richten. Voor veel partners zijn die gevoelens veel beangstigender dan het zoeken naar een rationele verklaring voor de scheiding.

Het loopt niet meer vanzelf

De eerste hobbels binnen de relatie komen in zicht. Meestal begint het met een situatie waarbij een van de partners zich niet goed voelt. De oorzaak kan bijvoorbeeld liggen in de verandering die het krijgen van kinderen met zich meebrengt, het wennen aan het ouderschap. Een verhuizing, ziekte, een overlijden of een nieuwe baan. Er zijn talloze redenen die mensen uit balans kunnen brengen. Heel vaak worden de frustraties die bij deze veranderingen horen afgereageerd op de partner, omdat die nu eenmaal de meest nabije en ´veilige´ persoon is.

Wanneer we ons allemaal bewust waren van onze ´eigen waarde´ zouden we de onzekere gevoelens van onze partner in liefde kunnen aanhoren, zonder ons persoonlijk aangevallen te voelen. Je begrijpt dat je partner zich niet lekker voelt over zichzelf en jouw steun en liefde nodig heeft. Maar helaas voelt lang niet iedereen zich zo zeker en wordt het gevoel, de frustratie van de partner, ervaren als een persoonlijke aanval. Juist daardoor ontstaat vaak een gevoel van verwijdering, terwijl de ander juist toenadering zoekt. Door een gebrek aan begrip en inzicht in elkaar ontstaat miscommunicatie en kan de situatie uit de hand lopen. Er wordt misschien zelfs helemaal niet meer gecommuniceerd. Je uit je gevoelens maar niet meer, je onderdrukt ze. Of je zegt te pas en te onpas wat in je opkomt waardoor ruzies hoog oplopen. Ruzie maken is op zich niet erg, maar wanneer je verzuimt na een ruzie de oorzaak van de symptomen boven tafel te halen zullen de ergernissen en meningsverschillen zich alleen maar opstapelen. Een ruzie is niet meer dan het topje van de ijsberg, daaronder zitten je emoties van angst en pijn. Wanneer je beiden na een ruzie kunt luisteren naar de gevoelens die eronder zitten, kom je een stap dichter bij jezelf en bij elkaar. Doe je dat niet dan raak je steeds een stapje verder van jezelf verwijderd en daarmee van elkaar. Wanneer je werkelijk vanuit liefde wilt communiceren dan vergt dat wat ik noem ´geestelijke discipline´. Tijdens een scheiding is dat helemaal van belang.

Het gaat er niet om dat je een oordeel uitspreekt over je gedrag maar dat je het herkent en onderkent. Dat je je bewust wordt van wat er tijdens een scheiding gebeurt. Het oordelen over situaties sluit je af voor begrip en brengt ook geen rust. Een vraag die veel partners zich stellen na een scheiding is: wie is de schuldige of waar ben ik schuldig aan. Veel mensen zijn meesters in het zichzelf en hun partner veroordelen, met als gevolg nog meer afbreuk aan onze eigenwaarde en de liefde die we voor elkaar hebben. Het onbevooroordeeld open staan voor de ander en zijn behoeften wordt daardoor steeds moeilijker, wat negatieve gevolgen heeft voor de relatie en het scheidingsproces. Soms ligt de oorzaak nog veel verder weg, in de relatie die de partners met hun ouders hebben. Als er sprake is van een sterke, soms te sterke, moederband dan probeert een van de partners soms in een relatie die kritiekloze, onvoorwaardelijke liefde te vinden waarnaar hij of zij als kind zo naar verlangde. Zoek je een vaderfiguur in je partner en verlang je stilletjes nog altijd naar diens goedkeuring, dan zal je proberen dominant gedrag bij je partner uit te lokken. Allemaal gevoelens die, vaak onbewust, je huidige relatie kunnen ´saboteren´ omdat je niet durft te kijken naar jezelf. Veel onverwerkte emoties die te maken hebben met gebeurtenissen tijdens je opvoeding kunnen naar boven komen tijdens je relatie.

Wanneer je in dit proces elke dag weer opnieuw inzichten krijgt van mogelijke oorzaken van de verwijdering met je partner, wordt het steeds moeilijker een schuldige aan te wijzen. Vaak is het een combinatie van omstandigheden die het gebeuren hebben beïnvloed. Probeer dan ook vooral in dit stadium niet ´de´ oorzaak te vinden. Dat kan alleen maar weer gebruikt worden om jezelf te misleiden, zodat je niet naar je eigen, diepere, gevoelens hoeft te kijken.

Wanneer je een verandering wilt aanbrengen in de relatie, begin dan eerst jezelf te begrijpen en te accepteren. Pas daarna ben je in staat je partner beter te begrijpen en te accepteren.

Onzekerheid

Als gevolg van miscommunicatie en de angst om je onvrede en behoeften te delen met je partner kan een gevoel van onzekerheid ontstaan op verschillende gebieden. Er worden op zulke momenten door beide partners vaak andere signalen uitgezonden dan wat wordt gezegd. Je hebt het gevoel ´dat er iets is´, maar je weet niet wat. Wanneer je er naar vraagt kan het ontkend worden. Op zo'n moment kan je je onzeker gaan voelen over je eigen intuïtie. Probeer in te zien dat de partner, die tegenstrijdige signalen uitzendt, vaak in hetzelfde schuitje zit. Iedereen is volop bezig duidelijkheid te krijgen in zijn eigen denken en gedrag dat voortkomt uit onzekerheid en angst over de veranderingen die in je binnen wereld zijn ontstaan. Beide partners kunnen op zo'n moment kiezen om ervan af te zien te praten, omdat ze bang zijn voor de confrontatie met hun eigen gevoelens. Daarna kan je steeds meer onenigheid krijgen over kleine onbelangrijke dingen. Ieder gaat zijn eigen gang en er wordt steeds minder gepraat, uit angst de ander te irriteren met je eigen twijfels. Uitingen van de angst voor je gevoelens kunnen naar voren komen in het willen vasthouden aan de huidige situatie en fel tegen veranderingen te ageren. Ook zie ik dat partners soms meer controle uit willen oefenen op het doen en laten van de ander. Of ze saboteren de sporadische mogelijkheid voor een goed gesprek door generaliserende opmerkingen of het naar boven halen van ´oude koeien´. Begrijpelijk, maar stuk voor stuk uitvluchten om de werkelijke problemen onder ogen te zien.

Wat er ook gebeurt, niemand is schuldig. Het gaat er om dat je als partners moeite doet elkaar te begrijpen. Het idee dat veel mensen in een dergelijke situatie hebben is dat het beter is om niets te zeggen omdat je de ander niet wilt kwetsen. Maar dat is een gedachte die door angst wordt ingegeven. Je bent bang voor verandering en neemt jezelf niet serieus.

Je kunt immers de ander niet kwetsen als je samen afspreekt onbevooroordeeld naar elkaar te luisteren en over je eigen angsten, oordelen en behoeften te praten. Wanneer je eerlijk en open over deze gevoelens durft te praten, verdwijnt die angst voor verandering vanzelf. Juist door het niet uiten van al deze aspecten in jezelf, door ze niet te onderkennen, gaan ze je overheersen en zetten ze je aan tot destructief gedrag ten opzichte van jezelf en je partner. Wanneer je ontdekt dat je hierin tekort bent geschoten, probeer dan jezelf opnieuw te vergeven. Dit komt immers voort uit onwetendheid en angst, maar wanneer je nu wel meer inzicht hebt gekregen begin dan nu met een andere opstelling. Een houding van waaruit je met elkaar kunt communiceren. Het maakt niet uit wat er is gebeurd, als je je maar met je nieuwe inzichten vanaf dit moment duidelijker en liefdevoller kan opstellen. Zolang beide partners ervan overtuigd blijven dat ze er niet op uit zijn elkaar, moedwillig, het leven zuur te maken maar eigenlijk veel van elkaar houden, kan er begrip ontstaan en kun je het ontstane communicatiepatroon van ´projectie´ en ´verwijten´ doorbreken. Aan het einde van het boek staat een voorbeeld beschreven voor een projectieloze manier van communiceren.

Onvrede

Het gevoel van onvrede is iets wat iedereen kent. Het is geen probleem dat we dat zo nu en dan voelen als je er maar bewust mee om gaat. In plaats van openhartig te spreken over deze diepe en vaak niet heldere gevoelens stoppen de meesten het weg, uit angst. Angst voor wat? Voor verandering? Waarom zo bang zijn voor het enige zekere in dit leven. Het leven is onderhevig aan verandering. Wanneer je die angst niet onderkent gaat het een steeds grotere invloed uitoefenen in je leven. Als je niet bereid bent naar je onvrede te kijken op een neutrale manier door bij jezelf te blijven, wat doe je dan? Opnieuw afreageren met verwijten en beschuldigingen naar je partner, je huis, je baan of je kinderen. Op die manier wordt je gedrag steeds meer beheerst door je onvrede en kom je niet tot een transformatie doordat je buiten jezelf naar oorzaken blijft zoeken. Je partner wordt aan een grondig proces van beoordeling onderworpen en dan komen er natuurlijk altijd zaken naar boven waar je toch al nooit zo blij mee was binnen je relatie. Het waren muggen, maar het zijn olifanten geworden. Zo probeer je je partner, onder steeds grotere druk, te veranderen. Een alternatief is een burn-out of een ziekte, waardoor je je kan richten op de dokter die zegt wat je mankeert. Zonder dat je naar jezelf hoeft te kijken.

In plaats van de dieper liggende oorzaken van je onvrede te doorgronden haal je met oordelen alleen maar jezelf en je relatie naar beneden. Het hele proces van oordelen geeft op zo'n moment heel duidelijk de houding aan die je ook naar jezelf toe inneemt. Wanneer je jezelf werkelijk zou accepteren en vrij van schuld en angst kan handelen, dan valt die behoefte om anderen te veroordelen volledig weg. Houd dan ook op jezelf voor de gek te houden en begin eerst op te houden met jezelf te veroordelen. Alles waar je naar op zoek bent zit immers in je zelf! Als je dat werkelijk zou voelen, dan is het volslagen onzin om een ander af te vallen als ze niet aan je verwachtingen voldoen. Dit impliceert namelijk dat je nog iets nodig hebt om gelukkig te zijn en je dromen over de ideale partner zullen je altijd opjagen om verder te zoeken. Al reis je de hele wereld af en heb je talloze relaties, door een ´ideaal´ na te jagen sta je niet open voor wat er werkelijk is. Alleen in het nu kan je voelen wat je bent en wie die ander is. Problemen en verwachtingen horen bij het denken, bij de tijd. Alleen in het nu kan je dat gevoel van heelheid en voldoening ervaren met jezelf. Dan kan je het gevoel van ´afgescheiden zijn´ opheffen en je werkelijk verbinden, op een gelijkwaardige manier, met een ander. Zonder dat zij dienen als invulling voor je eigen onvrede.

Nogmaals, niemand is schuldig. Je kunt het niemand verwijten als mensen niet naar zichzelf durven kijken. Geloof me, veel mensen vinden dit het engste wat er is. Iedereen doet dit op zijn eigen manier, in zijn eigen tijd. En die kan anders zijn dan die van jou. Iedereen kan zich wel situaties herinneren waarin hij of zij dit gedrag hebben vertoond en je mag blij zijn als je inziet dat je er ook anders mee kan omgaan. Zo kan je jaren een gevangene blijven van je eigen angsten die liefdeloos gedrag uitlokken, zonder dat je door hebt wat je echte drijfveren zijn geweest. Maar door meer begrip en aandacht voor jezelf kan je ook je ex partner beter begrijpen, waardoor je je hart weer kan openen en mededogen kan voelen in plaats van woede en haat.

Want in wezen zijn we allemaal gelijk en begaan we talloze vergissingen op onze reis naar bewustwording. En het is juist in tijden van pijn en schuld, die tijdens een scheiding kunnen ontstaan, dat we wakker worden geschud. Probeer dan ook deze moeilijke tijden te verwelkomen en te zien als een kans. Misschien ontdek je nu pas dat je niet eerlijk bent geweest naar jezelf, door te veel te 'pleasen' en aan verwachtingen van anderen te voldoen, waardoor je jezelf hebt verraden en je eigen behoeften en gevoelens niet serieus hebt genomen. Een scheiding kan een consequentie zijn.

Je kunt nooit aan alle verwachtingen van je partner blijven voldoen, probeer dan ook van af het begin jezelf te zijn en niet aan een beeld te voldoen om zo aardig of gewaardeerd te worden door de ander. Vroeg of laat ontdek je dat die angst voor afwijzing en de behoefte aan goedkeuring de bron is van veel oneerlijk gedrag naar jezelf en daardoor ook naar je partner.

Verveling

Je voelt je verveeld, er is weinig opwinding. Opnieuw een situatie die we allemaal kennen in verschillende fases van ons leven. Zoals de seizoenen hun lichte en donkere tijden kennen, zo ervaren wij dat ook. Dat is prima, zolang je je niet verzet tegen het ritme van het leven en alleen de zomer wilt leven. Probeer de fases niet te veroordelen die je niet wilt doorleven en de meer spannende fases na te jagen. Dan word je slaaf van je omstandigheden terwijl je juist het continue gevoel van rust en vrede kan ervaren wanneer je ophoudt alles wat op je weg komt te beoordelen of te ontvluchten. De oorzaken van verveling liggen bij jezelf, aangezien je je afsluit voor het Nu. Een van de overtuigingen die je kan beletten te kijken naar wat er wel is, is het idee dat een goeie relatie geen verveling kent. Dit is een van de vele valkuilen die je met je meedraagt over hoe een goede relatie er uit zou moeten zien. Sommige partners denken dat ze ´alles samen zouden moeten doen´ of dat ze ´dezelfde passies moeten hebben´. Wanneer je kijkt naar hoe je je voelt is er geen moment verveling. Elk moment gebeurt er iets. Veel mensen weten niet dat ze, door zich te ontdoen van hun overtuigingen, vaak geen problemen in de relatie zouden hebben. Problemen doen zich voor in je denken. Door te oordelen, en je af te zetten tegenover situaties die niet overeenkomen met de plaatjes in je hoofd en het ontvluchten van wat wezenlijk is. Wanneer je kunt kijken naar wat ontstaat omdat jij er aandacht en ruimte aan geeft, zoals een kind met grote verwondering kan kijken, is het meest eenvoudige leven fascinerend. Opnieuw kan je kiezen om meer te gaan leren over jezelf voordat je de relatie op het spel zet of je verveling wenst op te vullen met een, tijdelijke, nieuwe impuls van buiten.

Het idee dat routine in je werk of je relatie 'verveling' inhoudt bestaat bij andere culturen veel minder. Juist het dagelijkse ritme wordt daar gezien als een houvast en een staat om je eigen vrede en geluk te vinden, door telkens met aandacht bij het Nu te blijven. Door routine en herkenning is er geen afleiding door nieuwe impulsen waardoor je die focus kan ontwikkelen voor je handelingen en de situatie van het Nu. Deze vorm van meditatie in je dagelijkse, verveelde leven kan je een verdieping geven en een gevoel van vreugde die los staat van enige impuls van buiten. Het geeft je juist de kans om de weg naar binnen te gaan. Het boek van Eckhart Tolle, 'De kracht van het Nu', kan dat op een inspirerende manier uitleggen.

Wanneer je je richt op wat je de ander kan geven in plaats van wat jij wilt ontvangen zal verveling als sneeuw voor de zon verdwijnen.

Beperking

Je hebt het gevoel dat de ander je beperkt. Dit is een veel voorkomende reden die wordt aangevoerd voor de scheiding. Jij kan niet groeien omdat de ander je niet de ruimte geeft. Weer een vorm van zelfbedrog. De ander kan je nooit belemmeren naar jezelf te kijken en te groeien in bewustwording. De ander kan je nooit beletten in te zien dat je te weinig eigenwaarde hebt die je aanzet tot liefdeloos gedrag. Jij beperkt jezelf, door je partner te verwijten wat je jezelf niet kan geven. In elke situatie kun je leren en groeien en dat kan niet alleen maar als je 'vrij' bent en alles maar kan doen wat je wil. Wanneer je voor een relatie hebt gekozen, en ook voor kinderen, geeft dit automatisch een staat van gebondenheid. Het is daarom de kunst om juist in die staat van gebondenheid en verantwoordelijkheid je vrijheid te kunnen ontdekken. In vrijheid heb je hiervoor gekozen en dan zijn de consequenties en lessen die volgen uit die keuze ook iets waar je wat mee kunt doen. Of was je niet echt vrij toen je eerdere beslissingen nam? Werd je nog onbewust gedreven door angst omdat je van je ouders de gewenste goedkeuring nooit hebt gekregen. Of nam je juist die beslissing om je op het verleden te wreken en het radicaal anders te doen. In beide situaties ben je niet vrij geweest en heb je reactief gehandeld, uit angst voor afwijzing of beperking. In hoeverre ben je vrij en wat is vrijheid? Deze vragen gaan ver en hebben veel meer betekenis dan je alleen te bevrijden van je partner of een situatie. Het gaat erom dat je je bevrijdt van je denken, van conditioneringen die onvrede, verveling en beperkingen teweeg brengen, door er tijd en aandacht aan te geven en ze te doorzien.

Wanneer er momenten zijn waarin je het door omstandigheden niet ziet zitten is dat juist de tijd waarin je kunt ontdekken wie je bent en wat je echt belangrijk vindt. Je kan bijvoorbeeld groeien in het besef wat liefde werkelijk voor je betekent en waar je binnen een relatie aan verslaafd bent geraakt. Zit je in een voorwaardelijke liefdesrelatie waarin je de ander alleen 'lief' vindt als zij of hij doet wat jij wilt of kun je ook liefhebben als je partner verward, bang en moedeloos is. Kun je blijven luisteren, zelfs als je doodsbang bent voor de verwarring van je partner of je diep gekwetst voelt door zijn daden. Kun je je blijven openstellen als je ego wordt aangevallen en gebroken omdat je inziet dat de ander ook bang is? Is het voor jou belangrijker wat de ander voor jou kan betekenen of richt je je ook op wat jij voor de ander kan betekenen? Accepteer je misbruik van je partner, op wat voor niveau dan ook, en doe je aan zelfopoffering binnen de relatie omdat je denkt niet meer waard te zijn? Zijn jullie een verbintenis aangegaan waarin de ontwikkeling en groei van jullie beiden even belangrijk is of is die ongelijkwaardig? Geloof je überhaupt wel in de mogelijkheid een gelijkwaardige relatie te ontwikkelen waarin jullie verlangens, wensen en angsten allemaal gehoord en gerespecteerd kunnen worden?

Allemaal onderwerpen waar je je in je huidige relatie in kan verdiepen en waar je van kunt leren. Hoezo saai, hoezo beperkt je partner je? Leren en ontwikkelen doe je niet alleen maar tijdens je werk, een workshop of als je reist. De 'grote lessen' leer je vaak thuis, binnen je relatie, met je partner, je familie en je vrienden. Je kunt elke dag, elk moment groeien in inzicht. Als je thuis komt en naar je kinderen en je partner kan luisteren, echt luisteren, dan hoor je elke dag iets nieuws. Dan ben je in staat om je elke dag te realiseren dat het wonder van het leven de liefde is, liefde die je voelt voor de mensen om je heen. Waarom besteden we daar dan zo weinig tijd aan. Pas na de scheiding realiseer je je wat je had en dan vraag je je af waarom je er toen niet echt van hebt genoten. Nee, toen was je al bezig met je plannen voor de toekomst en heb je de momenten van waarde laten lopen, het Nu. Geen zorgen of oordelen hierover, morgen is er weer een dag om in het Nu te leven.

Probeer ook je beperkte inzichten over hoe de relatie en het gezin eruit zouden moeten zien te bekijken. Ben je misschien beïnvloed door hoe je zelf bent opgevoed en is die druk misschien datgene wat je beperkt? Als je met elkaar je angsten en beperkingen durft te bespreken ben je al een heel eind. Maar de realiteit is dat veel mensen niet eens in de gaten hebben dat ze nog geketend zitten aan het verleden. Dat ze een lage eigenwaarde hebben. Uiterlijk ziet het er toch zo goed uit en hebben zo toch alles voor elkaar, dus hoezo lage eigenwaarde? Omdat je vaak je eigen gevoelens en die van je partner niet serieus neemt. Dat je het gevoel hebt dat je het niet waard bent om volledig gehoord te worden omdat het wel eens als 'gezeur' afgedaan kan worden en je wel eens afgewezen kunt worden omdat je partner niet echt van je houdt. Wanneer jij dit wel inziet, maar je partner niet, kan je in ieder geval begrijpen waarom je geliefde zich zo kan gedragen als de druk te hoog wordt. Probeer geduldig te zijn voor jezelf en je partner, iedereen is op zijn eigen tempo op weg.

Beperkingen bestaan in onze gedachtewereld, terwijl het leven en de natuur continu laten zien dat het leven een grote stroom is van uitreiken en terugtrekken, van geven en ontvangen.

2. Verandering

In dit hoofdstuk wil ik de fases beschrijven waarbinnen er dingen worden uitgesproken waardoor de scheiding een werkelijkheid wordt voor beide partners. Misschien was een van de partners in gedachten al bezig met een scheiding maar kon zij dit onderwerp te allen tijde even wegschuiven en gewoon gezellig meedoen, alsof er niets aan de hand is. 'Zolang je de dingen niet uitspreekt, bestaan ze immers niet', zeggen veel mensen. Maar dat is niet helemaal waar natuurlijk. Je weet ook dat als je dan wel gaat praten er nooit meer een weg terug is. Allemaal gedachten die een sfeer van openheid kunnen beperken uit angst het verkeerde te zeggen. Er gaat heel wat aan vooraf, voordat je daadwerkelijk aan een scheiding denkt. En die signalen hebben we vaak al laten lopen. Wanneer de twijfel voor het eerst wordt uitgesproken weet je zeker dat de relatie nooit meer hetzelfde zal zijn. Dit is een natuurlijk proces omdat elke relatie aan verandering onderhevig is, maar als je er bang voor bent en alles 'statisch' probeert te houden zet je het geheel onder druk. Als je beiden echter bereid bent om door deze fase te gaan en werkelijk samen wenst uit te zoeken wat de dieper liggende oorzaken zijn van de onvrede, kan het uitspreken van twijfel juist een verdieping teweegbrengen in je vertrouwen en liefde voor elkaar.

Wanneer beide partners elkaar kunnen steunen tijdens dit proces zullen zij eerder bereid zijn naar zichzelf te kijken. Deze mensen gaan dan bewuster om met hun relatie waardoor ze veel kunnen leren. Want binnen elke relatie zal iemand wel eens op het punt hebben gestaan om te vertrekken. De bereidheid om er iets van te maken, met het vertrouwen dat het geluk in jezelf ligt, is een voorwaarde om op gelijkwaardige wijze verder te groeien binnen de relatie. Maar als je ervan overtuigd bent dat je partner jou gelukkig moet maken en op dat moment niet voldoet aan jouw wensen dan kan je de ander niet in liefde accepteren en is het verder gaan in een relatie wellicht meer afbreken dan opbouwen. In zo'n situatie is het mogelijk apart tot bezinning te komen totdat je duidelijkheid hebt wat je wel en niet wil in je leven en wat liefde voor jou betekent.

Twijfel

Er wordt op een dag serieus uitgesproken dat een van beiden het ´niet meer ziet zitten´. Dit punt is heel belangrijk. Het kan zijn dat je het allebei al voelde aankomen en dat dit het begin is van groei, van inzicht in elkaars gevoelens. Maar het kan ook anders gaan. Er kunnen emoties loskomen die een rustig proces van luisteren en begrip in de weg staan, vooral wanneer er al lange tijd gevoelens van onvrede niet zijn uitgesproken. Er wordt dan niet gereageerd op het gevoel van twijfel op dit moment maar ook op alle incidenten uit het verleden waar een van de partners nog steeds boos, teleurgesteld of verdrietig over is. In deze fase is het verstandig niet te snel een besluit te nemen. Je kunt je zeer persoonlijk aangevallen voelen door de gevoelens van de ander, wat je misschien dingen laat doen die je niet echt wilt maar puur een reactie zijn op de uitlatingen van je partner. Praat er samen over en kijk of je bij de liefde en het vertrouwen kan blijven die jullie samen hebben. Praat niet alleen maar over wat niet goed is maar ook over wat je wel leuk vindt bij elkaar en wat hetgeen was waardoor je je zo aangetrokken voelde tot de ander en op basis waarvan je hebt besloten met die persoon een relatie te beginnen of een gezin te stichten. Door dit te doen geef je elkaar de steun en het respect die jullie beiden heel hard nodig hebben in deze fase.

Als een van de partners er 'als een haas vandoor wil', nadat de eerste twijfels worden besproken, probeer elkaar er dan aan te herinneren dat je nooit van je gevoelens en angsten kan weglopen. Wanneer je dat wel doet worden ze alleen maar erger en zal angst je nog meer beheersen in je leven. Voor beiden is het goed te proberen hier tijd voor te nemen. Als er in deze fase van een normaal gesprek nauwelijks meer sprake is door de verwijten en de projecties die beiden door de oplopende emoties en angsten naar voren laten komen, zou ik aanraden zo snel mogelijk hulp te zoeken bij iemand, die onbevooroordeeld kan luisteren naar jullie gesprekken. Dit hoeft echt niet direct een relatietherapeut of psycholoog te zijn, het kan een familielid zijn of een vriend. Iemand die jullie beiden vertrouwen en die van jullie houdt. Gesprekken die in liefde en vertrouwen plaatsvinden zijn heel belangrijk. Op dit soort momenten kunnen beiden het gevoel van liefde volledig kwijt zijn waardoor ze dingen doen die niet uit liefde maar uit woede of angst voortkomen. Geef die persoon van te voren duidelijk de opdracht jullie te stimuleren naar elkaar te luisteren. Elke keer als er een verwijt boven tafel komt mag zij ingrijpen en jullie daarvan bewust maken. Je haalt iemand erbij die het spel leidt, maar jullie zijn de spelers. Als je dan niet mee wilt doen, terwijl je voelt dat het zo nodig is om te leren communiceren, loop je van jezelf weg en geef je geen eerlijke kans aan je relatie en je partner. Maar dit is nog niet alles, het kan zijn dat je jezelf verraadt door voortijdig weg te lopen, je neemt jezelf overal mee naar toe en binnen de kortste keren kom je weer in hetzelfde spel terecht, alleen de spelers zijn anders.

Beide partners zullen in deze fase last hebben van negatieve gevoelens over zichzelf, die ze projecteren op hun partner. Degene die weg wil voelt zich schuldig, kan zich daardoor continu aangevallen voelen, wat zich weer kan uiten in onredelijke uitbarstingen. Degene die wil doorgaan voelt zich afgewezen. Probeer in deze situatie jezelf eraan te blijven herinneren dat de verwijten en beschuldigingen niets met jou te maken hebben. Schrijf het desnoods op een groot vel papier en hang het op de ijskast. Laat je niet onzeker maken door de aanvallen van je partner want op die manier kan je weinig meer betekenen voor jezelf en valt je eigen positieve instelling volledig in stukken.

In deze fase kan je ook juist een hele sterke binding voelen met je partner omdat er opluchting ontstaat door het uiten van je gevoelens. Je hebt jezelf serieus genomen en als je partner dat ook doet, zonder oordeel, geeft dat rust. Dit is echter van tijdelijke aard, als een van de twee niet het committment wil maken om werkelijk de aandacht en tijd te geven om naar een dieper niveau van zichzelf en de relatie te duiken.

Een ander belangrijk punt in deze fase is de beslissing of je de voorgenomen scheiding gaat delen met anderen of dat je er alleen samen over praat. Hoe meer mensen je mee laat praten, hoe meer opties je te horen krijgt. Iedereen heeft een mening en reageert vanuit zijn eigen ervaring. Je zal mensen kunnen aantrekken die juist datgene hebben gedaan wat jij eigenlijk wenst en ze zullen je laten zien wat jij wilt zien. Maar laat echter niemand jullie uit elkaar drijven voordat jullie daar beiden aan toe zijn. Vaak geeft een snelle onbewuste actie geen vrede en laat beiden in een staat van verwarring achter. Probeer met elkaar in gesprek te blijven en geef elkaar de ruimte. Het is belangrijk duidelijk te zijn, juist in een onzekere fase. Laat de ander niet wachten of in de steek want dat getuigt van weinig respect, ook naar jezelf. Maak afspraken wanneer je verder wilt praten en doe dat samen. Een houding van 'vechten of vasthouden' kan in deze situatie het proces verstarren. Maar als jullie beiden worden aangestuurd door angst is het moeilijk contact te blijven houden met elkaar. Toch is dit het beste advies wat ik kan geven: ergens moet je die angst toch onderkennen om zijn ondermijnende werking te kunnen ontkrachten.

Het is moeilijk het verzet en de aanval op te geven maar het laat zien dat je vertrouwen hebt in liefde die je niet exclusief verbindt aan je partner, omdat je weet dat het in jou leeft. Het direct loslaten van elkaar kan daarentegen echter ook een misleiding zijn om zodoende het traject van openheid naar elkaar toe en naar jezelf te ontlopen. Probeer je continu bewust te blijven van je motieven en drijfveren in deze fase, zonder dat je jezelf veroordeelt.

Een ander

Wat vaak voorkomt is dat degene met het gevoel van onvrede over de relatie zich open stelt voor iemand anders buiten de relatie, waarmee op dat moment een intieme band ontstaat. Deze derde persoon heeft een luisterend oor en begrijpt je. Zo wordt tijdelijk je gevoel van onvrede weggenomen doordat de sfeer van openheid je een goed gevoel geeft over jezelf. Deze vriendschap zou kunnen uitlopen op een intieme relatie. Wanneer je partner hier achter komt of misschien van anderen hoort dat er een ander is, wordt het geheel nog gecompliceerder. De partner zal zich ten eerste verraden kunnen voelen doordat je eigenlijk de intimiteit met je partner hebt ontlopen en de problemen eerst met een ander hebt besproken. Daarmee geef je al je gebrek aan vertrouwen in elkaar aan. Ook kan het proces van vergelijking gaan opspelen die je alleen maar verder brengt van de werkelijke problemen die jullie kennen. Het vertrouwen in de ander kan volledig weg zijn en je eigenwaarde kan ook een flinke deuk oplopen. Hoe kan je partner die zo van je zegt te houden iets doen waarvan al duidelijk is dat dit je heel erg zal kwetsen? Waar zijn mijn grenzen en wat wil ik accepteren binnen deze relatie? Allemaal vragen die heel snel naar boven komen en je meestal alleen maar verwarren als je nog heel graag samen verder wil. Als je dan vervolgens ook nog in deze staat wilt proberen de relatie staande te houden heb je erg veel werk te doen.

Het kan heel gecompliceerd worden aangezien de partner die een andere relatie is aangegaan ook met een dubbel gevoel kan zitten. Je wilt de nieuwe relatie voortzetten maar je wilt de oude ook niet loslaten. Je wilt dan wel een keuze maken maar die wordt door onbewuste gevoelens van angst en schuld beïnvloed, zodat van een werkelijke keuze geen sprake is. Ook kan je heel gemakkelijk in deze situatie seksuele aantrekkingskracht verwarren met liefde. Misschien kan de ander ook juist een middel zijn of een excuus om de relatie te beëindigen omdat je het niet durfde om je gevoelens eerder te delen. Allemaal overwegingen die de moeite waard zijn om over te praten in plaats van je kop in het zand steken en je mee te laten voeren door onstuimige, verwarde gevoelens. Voor beiden geldt hetzelfde: beiden kunnen weglopen van zichzelf en beiden hebben te maken met schuld, verdriet, woede en angst.

Mijn advies in deze situatie luidt: denk eerst aan de mensen om je heen, vooral als je samen kinderen hebt. Je hebt geen haast. Wanneer je achter je eigen behoeften aan blijft rennen, voordat je in harmonie en geduld je huidige relatie hebt afgerond, loop je de kans veel af te breken en de kans voor groei en inzicht in jezelf te laten lopen. Ik geloof werkelijk dat dit niet alleen met relaties zo is maar met alles in dit leven. Je helpt jezelf als je situaties netjes afrondt en je open staat voor de lessen die daarbij horen. Dan pas kan je weer vrij verder gaan zonder dat het verleden je blijft achtervolgen. Hierbij hoort ook het aandachtig doorleven van je eigen proces van verwerking en de gevoelens die daarmee gepaard gaan.

Het is belangrijk in deze fase voor jezelf te zorgen, zowel lichamelijk als emotioneel. Neem een regelmatige massage, ga veel wandelen en regel afspraken. In deze fase kan ook het gebruik van alcohol, pillen en drugs, als gevolg van spanning, erg oplopen. Probeer dit zoveel mogelijk te beperken voor jezelf, je relatie en je kinderen. Verval beiden niet in de slachtoffer- rol want op die manier kan geen opbouwend gesprek volgen. De partner die een andere relatie is aangegaan kan zich slachtoffer voelen omdat hij denkt dat de gevoelens hem overkomen en beheersen en hij daar geen enkele keuze in heeft gehad. De 'bedrogen' partner kan dit ook doen doordat die zich overvallen voelt door gevoelens waar hij niet voor heeft gekozen. Het spelen van deze rol geeft alleen aan dat beiden niet de verantwoordelijkheid nemen voor hun eigen gedachten, gevoelens en daden en daardoor zichzelf niet serieus nemen als schepper van hun eigen leven. Ze doen alsof ze blaadjes in de wind zijn die geen enkele invloed kunnen uitoefenen op hun huidige situatie. Dit is niet waar en dat weten de meeste slachtoffers ook, maar het is soms zo gemakkelijk om in die rol te blijven zitten.

Je hoopt op die manier die aandacht te krijgen waar je zo'n behoefte aan hebt. Maar dat is negatieve aandacht, aangezien je op die manier je eigen onmacht bevestigd krijgt. En daar word je niet veel blijer en zeker niet sterker van.

In deze tijd is het belangrijk dat je niet denkt, 'het gaat vanzelf wel over of het wordt vanzelf wel duidelijk'. Zo'n proces vereist liefdevolle aandacht van alle betrokkenen. Veroordeel jezelf niet in deze staat maar probeer naar je emoties te kijken. Wees vervolgens heel duidelijk naar jezelf toe wat je wensen en je grenzen zijn in relatie met een derde persoon en neem daar de tijd voor om dat voor jezelf uit te zoeken. Relateer dat vervolgens aan je partner en probeer elkaars gevoelens te begrijpen. Maar vooral: ga volwassen met elkaars emoties om. Reageer dus niet direct maar luister zonder oordeel. Probeer je zo weinig mogelijk af te reageren want dan krijg je de volle laag. Voel je wel dat het opkomt, excuseer jezelf dan of bel iemand anders die het wil aanhoren. Breek elkaar niet af want dat verdient de relatie niet, na alles wat je samen hebt opgebouwd. Dit is een raad die moeilijk is op te volgen maar je spaart jezelf ermee en uiteindelijk ook je partner waardoor je nog een mogelijkheid hebt in het verdiepen van je liefde. Je mag natuurlijk wel boos zijn en dat ook zeggen maar neem daar wel zelf de verantwoording voor, door er aandacht aan te geven en niet te projecteren op de buitenwereld.

Beslissing

Als laatste in deze fase valt er een beslissing. Dit kan na maanden of jaren van twijfel en praten of soms heel onverwacht. Het kan een eenzijdige beslissing zijn of je kan tijdens de vorige fases in openheid en begrip zijn gekomen tot een gezamenlijke beslissing. Dit laatste zal ik altijd adviseren. Probeer in alle rust de ander te laten inzien dat het niet verder kan als jij het niet meer zo voelt. Op die manier voorkom je al een heleboel gevoelens die je later na de scheiding blijven achtervolgen. Het zijn juist de mensen die na een eenzijdige, plotselinge beslissing kunnen blijven zitten met heel heftige emoties en daarna hun hart afsluiten, wat ze belet in hun verdere leven de volheid van liefde opnieuw te kunnen ervaren. Er zijn talloze redenen te bedenken waarop een gezamenlijke beslissing het beste is. Ik ben ervan overtuigd dat dit ook altijd mogelijk is (uitgezonderd bij situaties waar verslaving of mishandeling speelt), mits de partner die de relatie wil verbreken het geduld kan opbrengen om te wachten tot zijn partner het ook inziet en vervolgens ook de tijd geeft aan de ander om los te komen.

Hoe het ook is gelopen, beiden hebben met een grote emotionele en lichamelijke verandering te maken waar je beter bij stil kan staan dan er als een razende aan voorbij te gaan 'om maar niets te voelen'. Op die manier kom je steeds verder van jezelf af te staan en sla je de emoties op in je lichaam, die later in de vorm van een ziekte of depressie naar boven kunnen komen. Je kan er beter direct mee aan de gang gaan als jij dat kan opbrengen, want dan heeft de omgeving ook nog begrip voor je situatie en kan je meer steun vragen. Neem die steun aan en maak jezelf niet groter of kleiner dan je bent. Zet je trots opzij en toon je verdriet en kwetsbaarheid want op die manier ben je het sterkst.

Iets waar ik zelf behoefte aan had was het samen creëren van een soort afsluitingsritueel, waarin je elkaar de ruimte geeft om elkaar te bedanken voor alle mooie momenten die je samen hebt gedeeld. Dit kan in een gesprek of met het voorlezen van een brief die je aan elkaar hebt geschreven. Op die manier schep je een sterke bodem om in liefde los te komen van de vorm van jullie relatie om zo verder te kunnen gaan in een andere vorm van vriendschap. Zowel bij een geboorte, trouwen of bij een overlijden wordt er veel aandacht en tijd gegeven aan deze grote veranderingen en zijn er veel mensen om je te steunen, maar tijdens een scheiding loopt iedereen er het liefst zo snel mogelijk omheen. Ook deze verandering verdient naar mijn mening een ritueel of samenkomen om met eerbied af te sluiten wat is geweest. Op die manier kunnen de ex-partners samen met de kinderen, maar misschien ook met familie en vrienden terugkijken op alles wat jullie relatie voor moois heeft gebracht en met dankbaarheid afscheid nemen van de vorm van jullie samenzijn. Zo kan je gezamenlijk je verdriet en vreugde delen net zoals op begrafenissen over deze intense fase van verandering.

Hoewel zo'n soort afscheid een mooi streven is, is dit zeker nog niet gebruikelijk in onze maatschappij. Daarnaast kan het ook zijn dat niet beide partners de wens hebben om op deze manier hun samenzijn af te sluiten. Dan nog kan je misschien een begin maken door alleen of met een goede vriend een ritueel uit te voeren waarvan jij denkt dat het je kan ondersteunen.

3. Verwarring

Na de beslissing kan je in de veronderstelling verkeren dat de problemen zijn opgelost en wil je zo snel mogelijk weer verder. Bespaar jezelf die illusie! Als je echt wilt loskomen is het belangrijk alle gevoelens die met deze ingrijpende verandering te maken hebben serieus te blijven nemen en ze te doorvoelen. Geef toe, een scheiding is een zeer ingrijpende gebeurtenis die je een bijzondere kans geeft om veel over jezelf te leren. Laat die kans niet liggen. Dat je tijdelijk je gevoelens wilt ontkennen en je even alleen wil richten op positieve acties is heel begrijpelijk, maar wees je ervan bewust dat je ooit een keer de tijd zal nemen voor verwerking en inzicht. Gun jezelf de tijd voor het proces als je je totaal uit het lood geslagen voelt en veroordeel jezelf niet als het volgens je verstand te lang duurt. Je gevoelens hebben meestal veel meer tijd nodig om het geheel te accepteren.

De eerste fase van ongeloof en shock kan misschien een paar weken of maanden duren, de acceptatie misschien wel een paar jaar. Maar het gehele proces van verwerking, heling en groei is levenswerk. Als je namelijk het ene proces hebt kunnen accepteren komen er weer nieuwe veranderingen die je vragen los te laten en jezelf en anderen te accepteren. Hoe moeilijk deze fases ook kunnen zijn in je leven en hoe hard je er ook van wilt weglopen op momenten, als je er voor kiest te leren en je gevoelens te accepteren zonder veroordeling heb je de deur al geopend voor positieve hulp van buitenaf. Door die intentie van openheid en bereidwilligheid geef je ruimte aan inzicht en heling. Je zal dan sneller hulp aantrekken en herkennen als het voorbij komt en dat is vooral in deze fase van groot belang: onderkennen dat je die hulp echt wel goed kan gebruiken.

Opluchting

Zo, even niet meer hoeven te denken, te beslissen, te praten of wat dan ook. Even de spanningen voorbij en we gaan vrolijk weer verder. Wat een opluchting! Als ik nu gewoon doe alsof dit oké is dan leven we gewoon weer verder. Het valt allemaal best mee, er zijn zoveel mensen die scheiden tegenwoordig. Ik raak er wel aan gewend en de kinderen ook, hun halve klas heeft inmiddels gescheiden ouders. De regelingen komen wel hoor, daar heb ik nu even geen zin in na al die spanningen. O ja, blij dat ik eindelijk legaal met mijn nieuwe liefde kan vrijen. Ik vind wel een ander die aan mijn wensen voldoet.

Herken je deze opmerkingen? Zo kan het voelen, een seconde of een paar weken als voorbereiding op een gevoel van diepe pijn en angst, dat heel wat dieper ligt. Je kan je opgetild voelen in een gevoel van overgave: de beslissing is genomen en je laat je meenemen in de open zee. Wat gaat er nu gebeuren, waar ga je heen? Je basis, je thuis, je gezin is weggevallen, maar je hebt het gevoel dat je alles aan kan of je stort direct in het diepe gat van de leegte waar alles hopeloos verloren lijkt. Die leegte komen we allemaal tegen, ooit. Het is een fase. Als je hem niet kent dan denk je echt dat het allemaal wel meevalt en je gewoon weer door kan leven zonder dat er iets wezenlijks is gebeurd. Totdat je gevoelens na een paar weken, misschien wel jaren, wel heel heftig worden. Je gedachten slaan op hol of je lichaam wil gewoon niet meer functioneren. Dan weet je dat het tijd is om echt te voelen en heb je even een pauze gekregen voor de storm. Enjoy the ride!

Shock

De schok die je lichamelijk en emotioneel kan ervaren als de realiteit van de gebeurtenissen tot je doordringen kan bij ieder ander zijn. Ze noemen het een shocktoestand die je na scheiding, operaties, dood of een trauma kan ervaren. Deze schok is heel wezenlijk en voelt als een amputatie, een gevoel van algehele verdoving, afgewisseld met gevoelens van hulpeloosheid, paniek en kwetsbaarheid. Het kan zijn dat je je lichamelijk gebroken voelt en alles pijn doet, vooral rond je hartstreek. Wanneer je dit niet kan delen met je ex en je hebt geen steun meer aan elkaar kan dit gevoel van gespletenheid nog veel heftiger aanvoelen. Dit kan zo'n vreemd en pijnlijk gevoel zijn dat velen met pillen of alcohol dit gevoel willen verdoezelen. Het probleem is echter dat na het gebruik van een verdovend middel het tien keer zo hard terugkomt. Als je niet meer kan slapen van de pijn of onrust zou ik slaappillen adviseren in overleg met de huisarts. Maar wees je er wel van bewust dat je zo snel mogelijk moet proberen te stoppen en je gevoelens op z'n minst overdag de ruimte geeft om er te zijn. Kan dit niet door omstandigheden, door kinderen, werk of ander zaken, regel dan in ieder geval twee dagen per week of een vakantie voor jezelf om het wel volledig te voelen. Je kan het alleen doen of samen met iemand anders als je dat wil.

Wanneer je deze gevoelens niet toelaat verwond je jezelf nog meer. Je bent al verwond door de splitsing maar wees daarna voorzichtig met jezelf, hoe moeilijk het ook is. Wanneer er maar even een moment komt waarin je een ontspanning voelt stop dan met hulpmiddelen. Uit onderzoek is gebleken dat wanneer je gevoelens van angst, verdriet, pijn en schuld, de aandacht geeft die ze verdienen het verdriet of de pijn niet zo heel lang hoeft te duren. Maar wanneer je het wegduwt kan het nog jaren onbewust en onverwerkt bij je blijven hangen. Brandon Bays legt dit principe goed uit in haar boek 'De helende reis'.

Lichamelijke en emotionele trauma's kunnen door directe en nauwkeurige aandacht worden omgetoverd tot een bron van kracht en inzicht.

Ontkenning

De staat van ontkenning is anders dan ongeloof. Tijdens een gevoel van ongeloof ontken je niet wat er is gebeurd, alleen voelt het onwerkelijk. Niet alleen wat is gezegd en gebeurd maar ook wat je voelt kun je ontkennen. De oorzaak van dit gedrag is meestal dat je emoties zo overdonderend en vernietigend zijn en het je misschien zo stoort in je dagelijks functioneren dat je het uit je werkelijkheid wilt wissen. Uitingen van dit gedrag kunnen zijn dat je in een nieuwe relatie of je werk vlucht en doet alsof er niets is gebeurd. Je praat zo min mogelijk over de scheiding en wil er ook zo min mogelijk tijd aan geven. Tijd heelt alle wonden nietwaar? Hiermee zet je je gevoelens over de scheiding in de ijskast en kan het nog jaren duren voordat alle onverwerkte emoties naar boven komen. Het kan ook zijn dat je de scheiding gewoonweg ontkent en de stille hoop houdt dat het allemaal weer goed komt.

Je kan deze instelling volhouden om je tijdelijk overeind te houden maar als emoties, angst of andere gedachten over de scheiding zich veelvuldig blijven voordoen, moet je er toch een keer aan toegeven. Het gemakkelijk praten over een scheiding of denken dat het allemaal wel goed komt, is een overlevingsstrategie die je van werkelijk inzicht in jezelf afhoudt. Hier is niets mis mee, als je je maar bewust bent van wat je doet. Geef toe dat je het even niet aan kan en daarom bagatelliseert. Elke stap naar eerlijkheid en het tonen van je kwetsbaarheid is een stap naar genezing en inzicht. Wanneer een van de twee partners kiest om in deze staat te verkeren geef hem dan de ruimte en veroordeel hem niet om net zo hard met zichzelf aan de gang te gaan als jij doet. Andersom moet je ook niet je ex veroordelen dat hij juist wel direct alle onverwerkte emoties die tussen jullie liggen de aandacht wil geven. Ook al heb je het beste met elkaar voor, ieder kiest zijn eigen weg. Jij bent niet verantwoordelijk voor de ander, maar je kan elkaar wel degelijk steunen. Daarnaast kan je ook veel inzicht krijgen in dieperliggende gevoelens als je daar samen over kunt praten.

Wordt de ontkenning je uiteindelijk te veel en voel je dat er barsten in je overlevingsstrategie komen, durf dan te springen en alles werkelijk te voelen. Ik kan je alleen zeggen dat je wordt opgevangen door iets… iets wat je inzicht, kracht en rust geeft en waar je je na een periode van verwerking vrijer door kan voelen dan ooit. Verlost van al die gevoelens die je zolang hebt proberen te beheersen of te onderdrukken.

Als je denkt je nergens meer aan vast te kunnen houden en je laat je vallen kom je bij dat gevoel dat er altijd is om je te dragen, in tegenstelling tot al het andere in deze wereld wat tijdelijk van aard is.

Ongeloof

Je kan naar buiten lopen en hetzelfde gevoel hebben nadat je een kind hebt gebaard of dat je hevig verliefd bent. De wereld is hetzelfde maar jouw hele perceptie en gevoel is totaal veranderd. Het lijkt allemaal heel onwerkelijk maar het is wel gebeurd. Er zijn momenten waarop het heel duidelijk is en je rust kan hebben met de scheiding maar direct daarna overvalt je weer een gevoel van ongeloof. Er komen dan weer vragen over het waarom en wat je er nog aan kan doen. Het kan niet waar zijn en toch is het zo. Het voelt alsof je partner is doodgegaan of dat je de ander nooit hebt gekend of je ontdekt dat je jezelf misschien al jaren voor de gek hebt gehouden. Probeer gedurende deze fase het allemaal te laten zijn en niet direct op je afwisselende stemmingen te reageren. Wanneer je dit wel doet kan het tot gevolg hebben dat je je partner, familie en kinderen ook meeneemt in die stemmingswisselingen. De partner die niet kan loslaten zal dit gevoel heel lang kunnen meedragen waardoor je niet aan verwerking toekomt. De partner die direct weer vrolijk verder gaat heeft het misschien al in eerdere fases kunnen loslaten of ontkent zijn gevoelens. Opnieuw: veroordeel jezelf niet in deze fase, de ene manier van omgaan is niet beter of slechter dan de andere, het hoort er allemaal bij. Maar probeer je bewust te blijven van wat je doet. Praat erover met anderen en ontdek dat je niet gek wordt maar dat deze gevoelens allemaal horen bij een staat van een intense lichamelijk en emotionele verandering.

De staat van verwarring is het begin van groei.

Angst

Angst is veel vaker de oorzaak van je gedachten, gevoelens en daden dan je denkt. De oorzaak van alle eerdere gevoelens van onvrede en beperking kunnen allemaal hun oorzaak hebben in angsten. Angst is niet alleen gekoppeld aan een bedreigende situatie. Je kunt ook bijvoorbeeld angstig zijn om zo te worden als je ouders of bang zijn je volledig te geven omdat je je diep van binnen niet goed genoeg voelt voor de liefde van de ander. Deze angsten zijn voor veel mensen vaak heel onbewust. Tijdens een plotselinge verandering kan die angst echter opeens heel zichtbaar worden. In deze tijd krijg je dus de kans om de angst te onderkennen of je angst direct weer weg te stoppen door het gevoel te verdoven. Angst wordt vaak verward met liefde. 'Ik hou zo van je en daarom houd ik je vast' . ' Ik hou zo van je maar ben eigenlijk bang voor je liefde'. Angst is een strijd met jezelf. Angst telkens niet te voldoen of niet genoeg te zijn. Angst alleen te zijn of om juist gebonden te zijn. De basis van alle angst is dan natuurlijk de doodsangst, een angst die sterk naar boven kan komen tijdens een scheiding betreffende jezelf maar ook voor je partner en je kinderen. Naast je grote gevoel van verlies kan je de angst voelen om nog meer te verliezen.

Duik 100% in je angst. Mijn ervaring is dat achter angst verdriet en pijn ligt en weer daarachter een staat van vrede en rust. Je hoeft dit niet te geloven, je hoeft het alleen maar te doen om het te ervaren. Velen hebben die stap wel gemaakt en hebben daar ook heel mooie handleidingen voor ontwikkeld om dit alleen of samen met iemand anders te doorleven. Angst is een gevoel die je kan waarschuwen voor naderend gevaar maar het kan je ook verstarren en beletten om te leven. Wees reëel met angst want het is geen gevoel dat je moet onderschatten, het kan je hele leven sturen en beïnvloeden en het ergste is dat het je kan weerhouden om liefde te durven geven en te ontvangen. Ook in de volgende fases zal steeds weer het begrip angst naar voren komen omdat dit met alle gevoelens diepgaand vervlochten is.

Wanneer angst je drijft zal de wereld je zorgen en strijd laten zien. Wanneer je met liefde en een open hart de wereld beschouwt is de wereld een paradijs.

Vertrouwen

Als je het vertrouwen al niet eerder kwijt was, dan ben je het meestal in deze fase wel een tijdje kwijt. Er zijn weinig dingen waar je aan kan vasthouden aangezien alles anders verloopt dan je had gedacht en het dagelijkse ritme drastisch kan veranderen. Je hebt totaal geen controle of zo lijkt dat althans. Meestal gaat een van de partners verhuizen en zie je de kinderen veel minder of je doet de opvoeding grotendeels alleen. Niet alleen het ritme buiten jezelf maar ook je innerlijke ritme is uit balans. Dit is echter het moment waarop je kan leren vertrouwen op je intuïtie. Op elk moment dat je het niet meer ziet zitten kan je het vertrouwen in jezelf en het vertrouwen in het leven proberen aan te roepen. Hoe vaker je dat doet hoe meer je het gevoel van rust en positieve inspiratie gaat ontvangen. Dat betekent wel dat je de aandacht van je denken probeert te verleggen naar het voelen van het nu. Te veel in het verleden, of in de zorgen van de toekomst, ontnemen je die kracht en inspiratie die je immers alleen nu kan ontvangen en gebruiken.

Sommige mensen noemen het God, andere maken contact met het universum of engelen en weer andere spreken hun hogere zelf aan of spreken over hun verstand. Het maakt allemaal niet uit hoe je het noemt, het is dat deel van jezelf waar je elk moment contact mee kan maken. Het is dat deel wat niet wordt verstoord door de oordelen van het denken, maar een duidelijk gevoel geeft van kracht en vrede. Iedereen kent dat wijze stuk in zichzelf, dat, vol van liefde, je onvoorwaardelijk blijft steunen en inspireren. Misschien leer je het pas voor het eerst echt kennen in deze tijd van scheiding of misschien is het altijd al een bron van steun voor je geweest. Maar probeer er juist gedurende de scheiding echt tijd en aandacht aan te geven. Het is een verrijking en het geeft je troost.

Vertrouw jij erop dat jij als enige het beste weet wat goed voor je is? En als je dat vertrouwen hebt en doet wat je voelt, zijn je acties dan vol van liefde en houd je rekening met de gevoelens van de ander of zijn ze geboren uit angst of gebrek aan eigenwaarde? Zo kan het voorkomen dat jij niet wilt scheiden maar je partner wel of andersom, dat maakt niet uit. Dan is dit het moment waarop er een andere kant van je partner naar voren komt. Kan je ook deze kant accepteren in de ander nadat jouw ideaalbeeld van de ander in stukken is gevallen of ga je in verzet? Laat je gevoelens van afwijzing, oordelen, trots of schuld je reactie bepalen of blijf je bij je liefde? Dit moment kan een kans zijn om je liefde te verdiepen. Wat betekent dat je verwachtingen en beelden loslaat en de ander de ruimte geeft zichzelf te zijn. Ook al is het soms o zo moeilijk om totaal stil te blijven en niet te reageren op de verwarring, de angst of het verdriet van de ander. Kan je de vorm laten varen waarin jullie waren en de liefde behouden?

In deze fase kun je leren je eigen bron van liefde aan te spreken en je eigen angsten te doorzien. Op die manier kun je elkaar tot steun zijn en begrip opbrengen voor elkaars verdriet en verwarring. Tot slot: probeer te vertrouwen dat de bron van al het leven Liefde is en dat alles op je weg komt om je verder te helpen om tot dit inzicht te komen. Ook al weet je dit van binnen, dan nog vraagt het discipline om telkens dit weten naar voren te halen wanneer je even de weg kwijt raakt in het web van emoties, denken en verwachtingen. Ook al weet of geloof je niet wat ik hier schrijf over vertrouwen, het is een overtuiging die je als overlevingsstrategie kunt gebruiken om zo goed mogelijk door een scheiding heen te komen. En waarom zou je niet alle zeilen bijzetten en alles gebruiken wat je kan helpen er sterker uit te komen? Laat je vooroordelen op deze momenten even gaan, je hebt hulp nodig zoals iedereen die door een intense verandering en rouw gaat. Stel je open in vertrouwen want dan pas komen de inzichten en de ' hulptroepen' aanzetten om je te verlichten van je verdriet, angst en schuldgevoelens.

Het gevoel van liefde begint binnen in jezelf en kan jou ook zonder je partner vervullen. Een scheiding geeft je de kans naar een onthechte staat van liefde te groeien.

4. Verwijdering

De verwijdering kan net zo pijnlijk zijn als de andere fases. Opnieuw momenten van inzicht en tegelijkertijd kan je nog steeds ieder moment overvallen worden door verdriet of woede. Het gemis aan intimiteit en de realisatie wat je hebt verlaten. De dagelijkse routine loopt misschien weer en bij alles wat je doet denk je aan wat is geweest. Verjaardagen, de zomer, kerst, alle feestdagen doen je denken aan vorig jaar. Gesprekken uit het verleden razen door je hoofd om je het volgende moment weer een extreem gevoel van rust te geven. Je bent er nog steeds, je hebt de stap gemaakt, de eerst storm is voorbij, je hebt het overleefd! Je hebt er geen zin meer in, maar de storm is nog niet voorbij, het regent nu zo af en toe met wat hagelbuien. De zon komt ook wel eens door als je wordt afgeleid en je de voordelen van het gebeuren gaat inzien. Je kan je trots voelen omdat je nieuwe kracht hebt ontdekt in jezelf. Maar je kan je ook ellendiger gaan voelen als je ziet dat de ontwrichting en het gevoel van gemis groter is dan je dacht en het idee van vrij te zijn tegenvalt. Je hebt jezelf meegenomen en daar kan je nooit van wegkomen.

Pijn

Pijn doet het meeste zeer wanneer je gespannen bent. Die spanning kan je nog eens opvoeren door van de pijn weg te lopen of hem te bestrijden. Emotionele pijn kan je niet ontlopen, dat blijft terugkomen. Het kan zelfs zo sterk zijn dat je lichamelijk ziek wordt, moet overgeven of op verschillende plaatsen in je lichaam steken gaat voelen. Als je die pijn voelt probeer het dan te verwelkomen. Dat klinkt raar maar het werkt het beste. Tijdens een bevalling kun je beter je weeën verwelkomen en goed ademhalen, dan ze vervloeken. Respecteer je pijn en wees vol begrip naar jezelf en je lichaam. Je lichaam heeft het zwaar te verduren met al die spanning en is een uitstekend instrument om je te dwingen in het Nu de aandacht te geven aan je emoties en gevoelens. Daarnaast is je lichaam ook de transformator en verwerker van je gevoelens en kan je helpen niet te verdwalen in je verwarde denkwereld. Het is heel normaal tijdens een scheiding van een partner, met wie je misschien jaren hebt geleefd, dat je deze pijn lichamelijk voelt, als een amputatie. Maar ook dit gevoel hoeft niet lang te duren als je het werkelijk de aandacht geeft. Als je werkelijk de tijd neemt om in die pijn te gaan zitten door in alle rust alle aandacht te hebben voor dat gevoel zonder oordeel. Geef je jezelf de ruimte om het verdriet, die in de pijn opgeslagen ligt, te ontladen.

Een van de redenen om niet het verdriet te willen voelen is dat je bang bent voor die pijn. Maar in wezen is de pijn er al, je bent bang voor iets dat al is gebeurd en wat al speelt. Wanneer je in deze staat je door angst laat leiden, kan je je verdriet langdurig onderdrukken waarna het 'ergens' wordt opgeslagen in je lichaam en later naar boven kan komen in de vorm van ziekte.

Je kan je in dit proces heel bewust worden van gebeurtenissen in het verleden waarin je je als kind ook afgewezen of veroordeeld voelde. De pijn die gepaard gaat met het afgescheiden voelen van je moeder die niet aan al je eisen kon voldoen of het gemis van onvoorwaardelijke liefde. Iedereen kent deze gevoelens die gepaard gaan met opgroeien en volwassen worden. Een scheiding kan die pijn weer naar boven laten komen voor jou. Geef er aandacht aan zodat het kan genezen. Het tonen van je verdriet en kwetsbaarheid is oké. Je staat sterker in je kwetsbaarheid omdat je geen energie hoeft te verliezen aan het onderdrukken van gevoelens en te doen alsof ze er niet zijn. Misschien ben je bang voor verdriet omdat je dat al zolang hebt beheerst en bang bent dat als je je tranen de vrije loop laat je de controle verliest en de beerput open gaat. Dit is een volstrekt irreële angst die je weerhoudt om een wezenlijk onderdeel van je verwerking te doorleven, namelijk je verdriet serieus nemen. Gelukkig kan je verdriet niet altijd onderdrukken en kunnen je tranen de opening zijn waarin alle andere gevoelens ook de kans krijgen om gezien en begrepen te worden. Als je zo onzeker bent over je verdriet maar je voelt wel dat het er zit, maak dan een afspraak met een vriend of vriendin, om tijd te nemen waarbinnen jij je verdriet kan voelen. Natuurlijk wil je niet elk moment worden overvallen door een huilbui. Als er herinneringen naar boven komen of wanneer je over je ex praat bijvoorbeeld. Maar wanneer je wel voelt dat je vaak op het randje zit is het tijd dat je ontlaadt. Daarna zul je zien dat je veel minder de behoefte voelt te huilen en heb je de eerste stappen gezet.

Schuld

Het gevoel van schuld zit diep geworteld in onze maatschappij. Al duizenden jaren spreekt de Bijbel over 'zonde' en 'schuld' en wijst men vaker naar anderen dan naar zichzelf als iemand iets overkomt. Tijdens een scheiding vallen deze woorden ook vaak en kunnen beiden zich tegelijkertijd slachtoffer en schuldig voelen. Een hopeloos scenario, vol zelfhaat en gebrek aan liefde. In die staat kan je ook nauwelijks verwachten dat je ex zich liefdevol kan gedragen. Kan je dat inzien, vooral ook bij jezelf? Dat als je over schuld spreekt naar een ander dat je jezelf daarmee ook veroordeelt? Dat je indirect zegt die ander toch wel heel verkeerd te hebben ingeschat toen je met hem in zee ging en daarmee jezelf veroordeelt?

Hoe meer je gelooft in schuld hoe meer je je geluk afhankelijk stelt van de buitenwereld. Ik zelf geloof niet in schuld. Het lijkt mij iets heel onzinnigs waardoor je de verantwoordelijkheid voor je eigen gevoelens en acties niet hoeft te nemen. Je kan immers niemand anders de schuld geven van gevoelens die je dreven tot acties die andere mensen hebben gekwetst. Je ouders, je opleiding, je partner, je baan, stress, gezondheid, noem maar op. Aan alles kun je de schuld geven om je verantwoordelijkheid voor wat jou overkomt buiten jezelf te leggen. Met die instelling geef je alle macht die je zelf hebt om te kiezen voor liefde of verzet uit handen. Totaal overgeleverd aan de willekeur van een ander mens, je verleden of het toeval van het leven. Ik geloof erin dat je in grote mate zelf de schepper kan zijn van je eigen leven. Wat jij uitstraalt en denkt heeft invloed op alles om je heen. Alleen met deze instelling kon ik leren omgaan met mijn emoties en gevoelens en kiezen voor acceptatie en genezing.

Je kan je schuldig voelen omdat je niet eerlijk bent geweest naar je partner. Maar voordat je begon te liegen tegen je partner was je al oneerlijk naar jezelf. Misschien deed je dat onbewust, net als je vader of moeder. De oorzaak ligt dus in het je onbewust zijn van je eigen gevoelens en conditioneringen, of het bewust ontlopen daarvan. Alles wat je nodig hebt op het moment dat je je dit realiseert is aandacht en liefde. Alleen een tekort hieraan kan je zo ver drijven dat je langdurig jezelf voor de gek houdt en daarmee ook de mensen om je heen waar je van houdt. Dan had je immers niet ingestemd met de wensen en verwachtingen van je partner terwijl ze tegen jouw eigen diepere gevoelens in gingen! Maar omdat je bang was je partner te verliezen en de goedkeuring en liefde van je partner nodig had, heb jij jezelf weggegeven. Denk je dan dat je liefde en aandacht niet gewoon kan krijgen, omdat je het waard bent, omdat je bent wie je bent?

Wanneer je begint jezelf weg te geven is je liefde voor die ander behoeftig en voorwaardelijk, omdat je nog niet genoeg van jezelf houdt. Je kan denken dat opoffering echte liefde is, maar verraad plegen aan jezelf is dat zeker niet. Iets voor een ander doen vanuit je eigen volheid, een keuze maken die ieders behoeften serieus neemt en waar je echt voor kan staan is prima. Maar wanneer je keuzes maakt uit angst dat je partner niet van je zou houden of uit angst dat je geen kinderen zal krijgen, gebruik je motieven die niet in overvloed en liefde geloven. Motieven die zeggen dat je moet pakken wat je pakken kan anders gaat de liefde je neus voorbij. Ideeën die je laten geloven dat je haast hebt en moet lijden om de liefde te leren kennen. Met die instelling is het hele leven een naarstig zoeken naar liefde door de goedkeuring te krijgen van mensen of liefde te halen uit bezigheden die je alleen tijdelijk gerust kunnen stellen. Maar de diepe leegte van binnen kan niemand en niets vullen, behalve jij. Begin te ontdekken dat jij liefde bent en vervang dit met het idee dat je een zondig mens bent, die liefde moet verdienen en gestraft moet worden als je een vergissing maakt. Straf, schuld en veroordeling genezen je niet, maar brengen je verder van je eigen liefde af. Als je gelooft in de goedheid van jezelf en de ander, genees je van het idee van schuld en zul je een ander ook niet hoeven aanvallen of kwetsen omdat je dat niet meer bij jezelf doet. Dan kan je een ander bijstaan en steunen omdat je geleerd hebt jezelf te steunen. Dan ontdek je dat de weg van overgave en acceptatie het wint in een continu veranderende wereld. Dat je voorbij de schaduw kan kijken, voorbij aanval en angst, en de roep om liefde kan horen, waardoor een gevoel van mededogen kan groeien.

Schuld bestaat niet, alleen in ons denken. Van schuld spreken is de schepping en het leven in zijn natuurlijk verloop veroordelen. Schuld is denken dat wij beter weten wat goed is en wat niet. Terwijl de natuur perfect en vloeiend verloopt, denken wij soms dat we boven het leven staan. Maar schuld maakt ons ellendig, het maakt dat we denken te moeten strijden tegen onze geliefde en kwaad kunnen spreken waarmee we ons zelf afvallen. We zetten ons zelf vast, gevangen in twijfel, falen en zonde. Ook wij maken vergissingen, onbewust of uit angst, ieder van ons is schuldig. Voor mij bestaan er echter alleen vergissingen, doordat we nog niet weten hoe we in harmonie, liefde en vertrouwen met elkaar kunnen leven wanneer de dingen anders gaan dan je denkt. Vergissingen zijn er om gecorrigeerd te worden. Dat is een stelling waar je iets mee kan tijdens een scheiding, want juist na de scheiding is het van belang de relatie met je ex te herstellen om daarmee de relatie met jezelf te genezen.

Wanneer je gelooft in schuld, zonde en angst zal de wereld je aan-

vallen, zoals je ook jezelf aanvalt. Wanneer je gelooft in de volmaakte essentie van je wezen kan een ander je nooit beschadigen of aanvallen want er zijn geen schuldigen.

Woede

Woede kan op elk moment gedurende de relatie en de scheiding naar voren komen. Het is een heftig gevoel dat je veel adrenaline geeft en soms zelfs even lekker voelt. Maar daarna kan je terugvallen in een gevoel van schaamte en onvrede. De woede keert zich tegen je, tegen het oordeel over je eigen gedrag. Je hebt jezelf niet in de hand. De woede is je de baas. Dit zijn nare conclusies, maar je kan er wel wat mee. Door het gevoel van woede te zien als een klein kind dat niet de aandacht krijgt die het wil, kan je proberen er naar te kijken en het te voelen zonder erop te reageren! Jij bent niet die woede. Daardoor kan je kiezen of je er op wil reageren of niet. Woede komt en gaat en is gekoppeld aan denkpatronen, kijk zelf maar. Het is het kleine kind in jezelf dat zich niet volledig geaccepteerd voelt... door jou! Het enige wat het wil is gehoord worden zonder oordeel. Dus probeer stil te worden en te luisteren wat er achter je woede schuilt en geef dat gevoel aandacht. Het werkt precies hetzelfde als met kinderen. Wanneer je hen niet serieus neemt in hun gevoelens worden ze boos of huilerig. Als jij dan hun boosheid veroordeelt, worden zij nog bozer of ze sluiten zich af en is er geen contact meer.

Het is een illusie dat het projecteren van je woede op een ander noodzakelijk is. Het is een tijdelijke opluchting, maar het hoeft geen inzicht te geven, waardoor het blijft terugkomen. De ruzie gaat namelijk zelden of nooit om belangrijke zaken. Wanneer je bespreekt waar het echt omgaat, vanuit je eigen beleving, ontdek je dat je minder boos wordt. Woede is het topje van de ijsberg. Je wordt boos over iets dat je confronteert met pijnen en gevoelens die je niet wil onderkennen en al helemaal niet wil voelen. Of toch wel? Adem diep in... en probeer eens rustig te kijken naar de gevoelens en gedachten die je had voordat je boos werd en wees eerlijk. Een scheiding is een goede tijd hiervoor, want in dat proces is je woede vaak heftig en dat kan destructieve gevolgen hebben, die je uiteindelijk nooit gewenst hebt.

Als we onszelf totaal zouden accepteren konden we de woede van onze partner aanhoren. Dan zouden we kunnen luisteren naar verwijten en projecties zonder ons aangevallen te voelen. Maar zover zijn de meesten niet in een relatie. Ruzies lokken al te vaak tegenaanvallen uit of een verdediging. Als dit een paar keer is gebeurd, met veel verdriet en pijn als gevolg, houd je er mee op je woede te uiten en kan het zich naar binnen keren. Dit is ook niet de weg. Probeer te blijven kijken naar deze sterke emotie en probeer het op een ander moment opnieuw om met elkaar of met iemand anders erover te praten. Eens kom je er doorheen, hoe bang je ook bent over de afloop van de relatie. Ontwikkel steeds een beetje meer begrip door te luisteren en elkaar te laten uitpraten. Er zijn mooie gespreksregels op te stellen die je kunnen helpen om op het spoor te blijven zonder gewond te raken. Een voorbeeld van zo'n gesprek staat aan het einde van het boek.

Achter je boosheid zit pijn en angst, angst dat je partner ziet dat je niet goed genoeg bent. De overtuiging die daaronder ligt is dat jij je onwaardig voelt. Je voelt dat je tekort bent geschoten en veroordeelt dat sterk in jezelf. Dat je tekort bent geschoten kan wel zo zijn, maar je daar schuldig over te blijven voelen is niet de oplossing. Want uit dit schuldgevoel komt pijn voort en daaruit komt weer woede. Als je het gevoel hebt iemand aan te vallen, iemand iets te verwijten of jezelf te verdedigen dan is de onderliggende reden dat jij jezelf veroordeelt en je schuldig voelt over je tekortkomingen. Je veroordeelt jezelf in een scheiding vaak omdat je niet aan de verwachtingen van je ex hebt kunnen voldoen. Laat ik je een illusie armer maken: dat kan je nooit! Ooit komt er een moment dat je niet aan zijn beeld of verwachting voldoet, houdt hij dan nog van je? Of hield hij alleen maar van een beeld van jou? Wanneer je in een gelijkwaardige relatie staat ontdek je dat je heel vaak je verwachtingen zal moeten opgeven om de liefde te blijven voelen. Dat hoort erbij, daar kan je in groeien en dat is wat een relatie je kan bieden. Het gaat erom dat we leren houden van de ander: hoe hij is en niet hoe jij hem wilt hebben ook wanneer de ander verandert in behoeften en gedrag. We stellen vaak eisen aan elkaar die niet reëel zijn. Naar goede vrienden probeer je te luisteren en ze te accepteren hoe ze zijn, maar als je een 'relatie' begint projecteren we al heel snel een grote hoeveelheid onhebbelijke verwachtingen en dan maar hopen dat je de liefde nog kan blijven voelen. Niet zo raar als dit niet werkt. We kunnen niet een ander zijn dan we zijn. Oordelen zijn vaak de oorzaak van verwijten, aanvallen en veel pijn. Woede is een waardevolle graadmeter om ons bewust te worden van veroordelingen en de vaak onbewuste schuldgevoelens die daar uit voortkomen.

We kunnen niets veranderen, tenzij we het aanvaarden. Veroordeling bevrijdt niet, maar onderdrukt.

Carl Gustav Jung

Onbegrip

Onbegrip is misschien een gevoel dat je al je hele leven met je meedraagt. Je ouders begrepen je niet, je vrienden niet en nu ook nog eens je partner en je kinderen. Telkens ga je op zoek naar die ene persoon die je wel begrijpt. Als dit je bekend voorkomt, dan is het de hoogste tijd om je te realiseren dat je als eerste jezelf niet begrijpt, anders voel je niet zo volledig afgescheiden van de rest van de wereld. Ga bij jezelf te rade en onderzoek jezelf, voordat je de buitenwereld aanvalt en hen onbegrip verwijt. Ontdek eerst wie je zelf bent, waar je angsten zitten en wat het is wat jij wilt in dit leven. Kan het misschien zijn dat je partner je niet begrijpt omdat je nooit duidelijk hebt kunnen maken wat je wensen zijn?

Veel onbegrip kan ten eerste groeien in een relatie door het feit dat mannen en vrouwen 'nu eenmaal anders zijn'. Dat ze verschillend met hun gevoelens en hun gedrag omgaan is wel duidelijk. Een van de clichés is dat de vrouw 'meer intuïtief' is en de man meer 'naar buiten gericht'. Maar in deze tijd zien we dat de rollen van vrouwen en mannen ook totaal omgedraaid kunnen zijn. Dat kan verwarrend zijn. Je zou misschien als vrouw willen vasthouden aan het traditionele patroon door voor de kinderen te zorgen. Je man verdient dan het geld door buitenshuis te werken. Maar als je man nu vroeg thuis wil zijn om de kinderen in de middag op te vangen en misschien minder wil gaan werken om een boek te schrijven, wat doe je dan? Of je man wil dat je thuis voor hem alles verzorgt, terwijl je graag een nieuwe cursus wil doen en een paar dagen wil gaan werken. Hoe gaan jullie samen om met het feit dat je niet in het verwachtingspatroon van je partner past? Durven jullie die patronen los te laten en samen te zoeken naar een weg waar jullie allebei blij mee zijn of is dit het begin van verwijten en oordelen die kunnen leiden naar een scheiding?

Soms denk ik wel eens dat ze na de huwelijksvoltrekking niet de Bijbel of een ander religieus boek moeten meegeven aan het gelukkige stel maar boeken over 'communicatie' en 'liefhebben'. Voor elke baan krijg je een opleiding of moet je studeren. Maar voordat je gaat trouwen lezen mensen zelden een boek over de valkuilen binnen een relatie. Voor het krijgen van kinderen hoeven we helemaal geen opleiding te volgen! Gek toch, voor de belangrijkste stappen in ons leven wat betreft partners en kinderen, die ons toch het meest waard zijn, springen we vaak volledig in het diepe. Wanneer we dan bang worden of gaan twijfelen, dan hoor je ten eerste vaak dat je niet moet zeuren. En toegeven dat je eigenlijk wel eens hulp kan gebruiken omdat je moeizaam met elkaar kan communiceren wordt helemaal als een persoonlijk falen gezien. Maar gelukkig veranderen de tijden en staan we nu heel wat meer open voor onze gevoelens en leren we veel opener te communiceren dan veertig jaar geleden.

Wie ben jij? Waar komen je gedachten en gevoelen vandaan? Begrijp je wat leven en liefde betekenen voor jou? Wat een oneindige reis om te begrijpen wat liefde is om uiteindelijk tot de conclusie te komen dat hoe meer je weet, hoe minder je weet.

Verraad

Dit gevoel kan voortkomen uit het feit dat je dacht dat je partner eerlijk was en dat nu blijkt dat hij of zij dat niet is geweest. Je 'verraden voelen' is daar een logisch gevolg van en om daar los van te komen kan je het onderkennen waarna het een plaats krijgt en deze emotie kan oplossen. Opnieuw komt de teleurstelling voort uit een verwachting. Ja, maar je mag toch van je partner verwachten dat die eerlijk is en niet liegt? Ja, natuurlijk mag je dit verwachten, maar een van de consequenties van verwachtingen is dat er niet altijd aan wordt voldaan.

Waarom je partner niet eerlijk durft te zijn is iets wat zeker het onderzoeken waard is, vooral voor degene die niet eerlijk is. Misschien voelt de partner die heeft gelogen zich ook verraden omdat jij niet aan zijn beeld voldeed binnen de relatie. Wanneer je jezelf verraden voelt is dat een afspiegeling van het gevoel dat je naar jezelf toe voelt. Had je niet eerder kunnen zien dat jouw partner niet aan jouw verwachtingen kon voldoen? Waarom heb je dat niet gezien? Misschien had je het wel gezien maar heb je niet geluisterd? Of had je het wel gezien en dacht je je partner te kunnen veranderen? Maar je kunt ook accepteren dat je partner er niet is om aan jouw verwachtingen te voldoen maar een spiegel is die je naar je eigen conditioneringen, beperkingen en liefde kan leiden.

Wanneer je in vertrouwen en openheid leeft verwelkom je die gevoelens en kunnen ze besproken worden binnen de relatie, maar wanneer je nog niet open en bewust bent lijken dezelfde gevoelens je relatie te beschadigen. Probeer in die staat jezelf niet af te vallen met het idee dat je een verkeerde keuze hebt gemaakt met je partner. Je kunt van elkaar leren door de wanhoop en angst te doorgronden die vaak achter verraad ligt. De volgende keer zal je dan binnen een relatie misschien eerlijker kunnen zijn naar jezelf en je partner.

Diepe gevoelens van verraad kunnen je brengen naar eeuwenoude opvattingen die je gevangen houden in liefdeloos gedrag.

5. Acceptatie

Het accepteren van alles wat is geweest, is een belangrijke stap naar genezing, heling en het loskomen in liefde. Misschien heeft een van de partners de verandering al tijdens de relatie geaccepteerd maar nog niet de consequenties die ermee verbonden zijn. Acceptatie kan zich op vele niveaus afspelen en slaat op alles wat is gebeurd en alle gevoelens van het Nu. Opnieuw is volledige acceptatie alleen mogelijk wanneer je ook echt wil stilstaan bij je eigen rol in dit drama, inclusief je eigen gevoelens van falen en angst.

Inzicht

Na een periode van verwarring omdat je te maken krijgt met situaties en gevoelens die je nooit eerder hebt ervaren, komt er na een tijd steeds meer inzicht. Mits je bereid bent om je hiervoor open te stellen. Zowel inzicht als liefde vereisen nu eenmaal focus en aandacht. Wanneer je de instelling hebt van 'ik kijk wel wanneer ik daar zin in hebt' kan de weg van acceptatie lang duren. Je kunt dan in de rol van slachtoffer blijven hangen door een speelbal te blijven van negatieve emoties. Maar daarnaast kan je niet je acceptatie volledig afdwingen door elke dag driftig aan de gang te gaan met therapieën en affirmaties. Het is een geleidelijk proces dat aandacht vraagt maar zeker net zoveel geduld. Velen zeggen het geheel geaccepteerd te hebben terwijl ze nog steeds geen normale vriendschappelijke relatie met hun ex kunnen onderhouden en de ander verwijten blijven maken. Of ze denken 'het overkomt me en ik laat het maar overwaaien'. Wanneer je op deze manier reageert om de scheiding door te komen doe je jezelf ernstig tekort. De consequentie kan zijn dat je vertrouwen in het leven steeds minder wordt en je jezelf afsluit voor innerlijke vrede en harmonie. Je blijft dan als een zombie meedraaien in de verwachtingen van de buitenwereld, zonder de vreugde in jezelf te ontdekken. Uit angst voor wat er allemaal nog meer tot je bewustzijn komt.

Wanneer je je werkelijk opent voor inzicht komt dit naar je toe, in de vorm van mensen die je positief ondersteunen en je naar jezelf terugbrengen als je met projecties begint. Je kunt een boek van iemand krijgen of er één kopen dat je aanspreekt. Het kan ook zijn dat je in momenten van stilte zelf wordt geïnspireerd met inzichten. Dit vereist echter wel dat je ruimte schept om inspiraties te kunnen ontvangen. Dit kan door te gaan mediteren of yoga te doen, maar je kan ook inspiratie ontvangen door regelmatig perioden alleen te zijn of je ontspannen open te stellen tijdens je gewone, dagelijkse bezigheden. Dat betekent leven in het Nu, zonder het denken uit het verleden opnieuw 'af te draaien' of te vluchten in fantasieën over de toekomst. Op die manier leer je luisteren, naar jezelf en naar anderen. Veel mensen hebben je wat te vertellen tijdens een crisis en als je luistert, kun je langzamerhand inzien waar je staat. Denk je nog steeds dat je een slachtoffer bent wanneer je medelijden oproept? Uiten mensen woede en haat naar jou of je ex? Doen zij dit vanuit frustraties over hun eigen scheiding of steunen ze je op die manier omdat je er onbewust om vraagt? Allemaal gevoelens die je zult ervaren tijdens elk gesprek dat je voert of met elk boek dat je leest. Voel jij je aangevallen, moet jij je nog verdedigen? Waarom? Er is zoveel te ontdekken! Door welke gedachten wil je jouw leven laten leiden? Is het 'oordelen' of 'acceptatie' wat je vrede geeft? De keuze is aan jou!

Eerlijkheid

Eerlijkheid is een belangrijke voorwaarde in de groei van liefde en daardoor ook een onderdeel van de acceptatie. Ben je eerlijk over je gevoelens of ontken je alles nog? Inzicht kan pas komen als je eerlijk bent naar jezelf toe, in alles wat je doet en denkt. Weet je wat je echt wilt of is dat nog onduidelijk? Ben je destructief bezig naar jezelf of juist opbouwend? Vlucht je of ben je op weg je verzet en oordelen te doorzien? Beantwoord deze vragen maar eens heel eerlijk, zonder met je vinger te wijzen naar de buitenwereld om allerlei redenen te verzinnen waarmee je je negatieve gedrag probeert te rechtvaardigen. Als je deze vraag hebt beantwoord, probeer eerlijk te zijn vanaf dit moment. Geef gewoon toe als je destructief bezig bent en probeer te verwoorden waarom je dit nodig acht voor jezelf. Wees dan ook eerlijk of dit gedrag werkelijk nodig is om los te komen en of je niet jezelf aan het straffen bent omdat jij je schuldig voelt.

Uitgaande van de veronderstelling dat wij in wezen allemaal verbonden zijn is het belangrijk te zien dat je altijd jezelf naar beneden haalt wanneer je dat bij je medemensen doet. Ontzeg je jezelf steun als je je medemensen niet kan steunen tijdens de verwerking van de scheiding? Niet het steunen van elkaar in de rol van slachtoffer, maar te steunen door ze liefdevol op hun eigen verantwoordelijkheid te wijzen. Dit is niet alleen mogelijk tijdens een liefdesverhouding maar ook tijdens een scheiding. De meeste mensen zeggen vaak lang na een scheiding dat ze er niet per definitie gelukkiger op zijn geworden, maar wel dat ze veel hebben geleerd en in veel gevallen sterker zijn geworden. Het is jammer dat veel partners pas na jaren eerlijk durven zeggen wat hen heeft gedreven in hun acties en hun strijd of misschien heeft het jaren moeten duren voordat ze tot dat inzicht kwamen. Probeer eerlijk te zijn vanaf vandaag, wat heb je te verliezen? Het is maar een idee-fixe, wie je zou moeten zijn en daarmee stopt de ontkenning van wie je werkelijk bent. Pas in die staat maak je een begin naar het werkelijk groeien in inzicht en liefde.

Kwetsbaarheid

Je eigen kwetsbaarheid kunnen accepteren is een belangrijke stap. Het onderzoeken van je eigen waarden en daarna vast proberen te stellen of het je wel zo goed doet om aan die ideeën en conditioneringen vast te blijven houden. Kun je voelen dat juist in je kwetsbaarheid je kracht ligt? Dit kan pas wanneer je die gevoelens ook toelaat. Wie geeft de meeste oordelen, wanneer je kwetsbaarheid zichtbaar wordt en je het plotseling niet meer in de hand hebt? Ben je dat zelf? Meestal wel. Het zonder oordeel je eigen gevoelens en verdriet kunnen accepteren is zonder meer een stap naar heelheid en inzicht. Het is soms 'eng' als je dat nooit eerder hebt gedaan maar het is de moeite waard want je komt er sterker uit. Als je allerlei excuses verzint om je niet kwetsbaar op te stellen, probeer dan wel bewust te zijn waarom je dat doet en waar je bang voor bent. Ook dat kan je vervolgens accepteren van jezelf. Kwetsbaarheid betekent niet dat je altijd moet huilen of altijd bang bent. Het vertelt je dat je in een situatie durft te communiceren over wat je voelt. Door dat te doen krijgen die emoties de ruimte en zullen ze je meestal in de rest van het gesprek minder beïnvloeden. Op die manier loop je minder het risico dat de situatie weer zou kunnen uitlopen op discussies over dingen waar het niet wezenlijk om gaat. Uiteindelijk is kwetsbaarheid ook maar een woord. En vaak ontdekken we dat we allemaal een andere perceptie hebben over wat dit voor ons betekent, afhankelijk van onze opvoeding en de gedachtenwereld van onze voorouders. Kwetsbaarheid is misschien tolerantie opbrengen voor gevoelens van verdriet en pijn die door onze maatschappij als zwak worden bestempeld. Maar waar gelukkig in deze tijd wel meer aandacht voor is.

6. Genezing

Alle vorige processen gaan natuurlijk vooraf aan de genezing. De acceptatiefase is het begin van de verwerking. In dit hoofdstuk wil ik dieper ingaan op de belangrijkste lagen van ons zijn, die ieder afzonderlijk aandacht nodig hebben tijdens het proces van scheiding. Maar voordat ik daar op in ga, wil ik aangeven dat wij in wezen allemaal al compleet en heel zijn. Wat we kunnen genezen zijn 'de wonden of de verwarring in ons denken', die we hebben meegekregen of onszelf hebben aangepraat, door te geloven in negatieve gedachten. Het opgeven van valse verwachtingen en illusies in ons denken kunnen leiden tot fysieke en emotionele reacties. Wanneer je tijdens de scheiding je hart hebt afgesloten, omdat je dacht jezelf daardoor te beschermen, kan je diepe wonden slaan in je gestel omdat je daarmee ook de toevoer van liefde voor jezelf afsluit. Dat doet pijn en kan je uit balans brengen op verschillende niveaus. In dit hoofdstuk komen tips aan bod om meer harmonie te brengen in die gebieden.

Lichamelijk

Je lichaam is een voertuig dat haarfijn kan aangeven hoe je in je vel zit. Tijdens een scheiding kan je lichaam, door de shock die je voelt, hevig te keer gaan en heftige reacties vertonen. Het kan zijn dat je moet overgeven, buikpijn hebt, huiduitslag krijgt, niet meer kunt lopen, veel duizelig wordt, veel gewicht verliest of totaal gedesoriënteerd bent. Het kan zijn dat je een gevoel van opluchting en bevrijding voelt of dat je juist een gevoel hebt dat je hart is gebroken en een gevoel van verlamming ervaart. Er zijn tal van reacties van je lichaam na een shock. Veel mensen hebben de neiging dit lichamelijke ongemak te verdoven met drugs, pillen of drank. Ook kan je je snel weer lichamelijk met een ander verbinden, zodat je de pijn minder voelt. Allemaal manieren om met je lichaam om te gaan.

Allereerst zul je op een punt komen waarin je niet meer jezelf wilt verwonden. Dat je inzicht krijgt in het feit dat je gedachten je lichamelijk kunnen schaden en dat alleen jij dat kunt veranderen. Dit alles kan je voelen naarmate je al naar jezelf hebt durven kijken en ziet dat je eigen destructieve neiging ook te maken heeft met het gebrek aan liefde voor je eigen lichaam. Je voelt je afgewezen, schuldig en boos en uit dit door je lijf te vervuilen of te zwaar te belasten. Heb je de intentie om je lichamelijk te genezen, dan kun je tal van dingen doen. Probeer in ieder geval te matigen met het consumeren van ongezonde stoffen en probeer jezelf positief lichamelijk te voeden. Ga sporten of laat je masseren. Zoek afleiding in gezonde fysieke bezigheden in plaats van destructieve gewoontes te handhaven. Wees ook niet te streng en ontzeg jezelf niet alles, maar wees bewust en gematigd in alles wat je doet.

Je ex-partner houdt je bezig, je voelt het in je buik of je hart en je ademhaling. Je lichaam weet het uitstekend aan je duidelijk te maken, iets waartegen jij je verzet en wat je veroordeelt. Door je aandacht in stilte op die spanning te richten kan je lichaam door middel van inspiratie aangeven wat de diepere oorzaken zijn. Je lichaam is een 'landkaart' die je kan lezen waardoor je alle sporen leert kennen die je leiden naar emoties en overtuigingen die je nog niet onvoorwaardelijke aandacht hebt gegeven en ergens in je lichaam hebt opgeslagen.

Wanneer je alles mentaal of intellectueel zou kunnen oplossen dan had je dat vaak al lang gedaan. Maar je ontdekt al snel dat wanneer je denkt over bepaalde gevoelens heen te zijn er nog steeds hele sterke lichamelijke reacties kunnen ontstaan als je je ex-partner ziet. Aanleiding zijn de onbewuste gedachten en gevoelens, die je kunt ontdekken door alleen de aandacht te geven aan het gevoel in je lichaam zonder er teveel over na te denken. En te vertrouwen op het inzicht dat je zal krijgen als je met aandacht en liefde naar je eigen lichaam luistert.

Emotioneel

Gedurende een scheiding komen er zoveel emoties los, dat je er wel naar moet kijken als je meer inzicht wilt krijgen over het scheidingsproces. Veel van die emoties kunnen een gevolg zijn van gevoelens uit het verleden die nog niet genoeg doorleefd zijn. Want juist in een periode van scheiding komen vaak ook veel oude gevoelens mee van eerdere moeilijke situaties in je leven. Zelfs de herinneringen die je als kind had in periodes waarin jij je verlaten voelde of schuldig, kunnen plotseling naar boven komen. Toen wist je echter nog niet goed hoe je met die gevoelens om kon gaan, waardoor je ze hebt genegeerd of een overlevingsstrategie hebt ontwikkeld. Iedereen heeft dit 'misdeelde kind' van binnen, die met eenzaamheid en onbegrip heeft leren leven. Wanneer we in deze periode liefdevolle aandacht kunnen geven aan dat deel in ons, zal het rustiger worden en je minder aanzetten tot heftige emoties. Want het is niet de ander die je buiten zinnen maakt als jij je verlaten of aangevallen voelt, maar dit verwonde kind dat niet genoeg acceptatie en aandacht heeft gekregen of teleurgesteld is door gebrek aan liefde. Als dit kind de boventoon gaat voeren in jouw gedrag kan het de oorzaak zijn van eindeloze verwijten en beschuldigingen aan het adres van de ander. Alleen jij kunt jezelf de liefde schenken die je werkelijk zal vervullen en eeuwig bij je blijft. Jij kunt nu beslissen je eigen ouder te worden van je innerlijke kind, waardoor het zich veiliger kan gaan voelen.

Je rouwt in een crisis niet alleen om de gebeurtenis van het moment, maar ook om veel gebeurtenissen uit het verleden. Het werkt net als wanneer je verliefd bent. Je komt in een staat waarin je de liefde voor andere mensen uit het verleden opeens weer van heel dichtbij kan voelen. Je focust op alle periodes van je leven waarin je je in diezelfde staat bevond als nu. Dit is ook het geval met verdriet, pijn en schuldgevoelens. Wanneer je je daar bewust van bent, kun je al die andere gebeurtenissen ook de aandacht geven die nodig is.

Oude emoties kunnen een bron zijn van angst die mensen weerhoudt liefde te voelen omdat ze bang zijn voor pijn. Maar dan ben je niet vrij en leven die emoties jou in plaats van dat jij inzicht hebt in je eigen emoties. Emoties willen gehoord en geaccepteerd worden. Het zijn net kleine kinderen die liefde nodig hebben. Als jij dat kan doen in alle openheid, zonder angst dan zullen ze je nooit meer overheersen. Als je het als een zwakte ziet om in dit stadium hulp te vragen voor dit proces van emotionele 'schoonmaak' neem je je dieperliggende behoeften en verlangens niet serieus. Want uiteindelijk willen we allemaal die innerlijke staat van vrede ontdekken en leven. Wees reëel en verwacht niet dat er ooit een einde komt aan het ervaren van zowel positieve als negatieve emoties. Het maakt ons mens op de levenslange weg van inzicht en groei. Maar als je het leven durft te nemen zoals het komt met alle emoties die daarbij horen, dan ben je steeds beter in staat om eerder te doorzien wanneer je weer verwachtingen schept of het contact dreigt te verliezen met je eigen bron van liefde. Het onder de loep nemen van je gedachten en emoties kan je als een heel normale schoonmaakbeurt zien, zoals je ook elke week je huis schoonmaakt. 'Niet gehoorde' emoties kunnen je leven verpesten, in plaats van vertrouwen en liefde wordt je leven dan geleid door wrok, schuld of angst. Een scheiding geeft je opnieuw de kans om de oorzaken van je emoties te doorzien! En de emoties van je ex zijn niet jouw verantwoordelijkheid, onthoud dat. Probeer niet met zijn of haar gevoelens en emoties bezig te blijven omdat dit een vlucht is om naar je eigen emoties te kijken. Blijf dicht bij jezelf. Wanneer je meer van jezelf gaat houden door jezelf te accepteren en te vergeven komt het accepteren van je ex daar op een natuurlijke manier uit voort.

Mentaal

Ja, het denken, een prachtig instrument maar soms ook erg vervelend. De gedachten schieten door je hoofd, wat weer emoties teweeg brengt en vervolgens je lichaam aanvalt. Gedachten zijn scheppend, maar ook destructief. Inzicht in ons denken is heel belangrijk. Mensen kunnen zichzelf verlammen door negatieve gedachten te laten overheersen. Ze verliezen hun greep op alles, ook zichzelf, doordat ze zich identificeren met al die gedachten die komen en gaan. Als jij dit ook voelt dan kan je je realiseren dat je niet je gedachten bent, nooit geweest bent en ook nooit zult worden. Jij bent degene die de gedachte als een antenne opvangt en weer kan laten gaan. Jij hebt een keuze, op elk moment, om elke gedachte wel of geen aandacht te geven. Als je droomt of niet denkt, en alleen maar voelt op dit moment, dan ben je er nog steeds. Jij bent het bewustzijn van alles wat komt en gaat. Door dit te voelen kan je ook veel beter omgaan met die gedachten. Je kunt door meditatie de gedachtestroom tot rust te brengen, door gewoon bewust en rustig adem te halen. Tijdens een scheiding heb je dit meer dan ooit nodig. Gedachten kunnen als een razende voorbij schieten. Gebeurtenissen en gesprekken uit het verleden kunnen elke seconde van de dag door je hoofd razen. Telkens moet je weer moeite doen om met je aandacht bij het Nu te blijven door rustig je aandacht te verleggen naar het volgen van je ademhaling. Daardoor worden je gedachten op den duur rustiger.

Wanneer je wilt verwerken en vergeven maar je gedachten zijn nog steeds continu op wraak uit, dan is er sprake van onevenwichtigheid. Probeer dan voor even je gedachten te laten voor wat ze zijn en probeer ze te observeren, zonder er op te reageren. Weet ook dat je bij twijfel beter niets kunt doen. En als je toch iets doet, zorg dan dat het een functie heeft voor je inzicht. Wees mild en probeer je niet sterker voor te doen dan je je voelt. Je gedachten kunnen ook, net zoals je emoties en je lichaam, prima aangeven waar je staat. Vertrouw je op je eigen kracht of schiet je telkens in je angsten omdat je denkt het niet alleen te kunnen? Vlucht je voor je gevoelens door je hoofd vol te stoppen met gedachten over werk en andere bezigheden? Met je gedachten kun je de wereld scheppen waar je in zit. Je kunt de dingen positief bekijken of negatief, je kunt alles beredeneren en daardoor je gevoelens uitschakelen. Of je kunt juist de gedachten van pijn herhalen om zodoende vast te blijven houden aan de emoties die daarbij horen. Allemaal manieren om met je gedachten om te gaan. Wat je ook doet, maak er geen strijd van en probeer 'bewust' te blijven en niet de slaaf van je denkwereld te worden. Daarin is geen rust te vinden. Gedachten blijven komen en gaan.

Pas wanneer je rustig naar je ademhaling luistert en kan kijken naar je gedachten zonder erop te reageren kan je die rust en vrede voelen. Wanneer je te veel door je denken wordt beziggehouden kan je jezelf er op elk moment uithalen door heel bewust je aandacht in het Nu te brengen. Focus bewust op iets anders. Voel je lichaam, voel waar je zit, kijk om je heen, blijf bij wat je doet en de tijd staat stil. Daarbinnen is rust en eenvoud. Daarbinnen bestaan geen problemen of drama's, die bestaan alleen maar in je hoofd. In het begin zal het heel moeilijk zijn en zal je dit misschien maar een paar minuten per uur kunnen voelen. Maar naarmate je er meer aandacht aan geeft, worden die periodes van rust steeds langer, waardoor je weer meer vertrouwen en inzicht kunt ontvangen over de situatie. Het herhalen van pijnlijke situaties en gedachten is namelijk een verslaving, de verslaving aan lijden. En verslavingen zijn nooit makkelijk te doorzien en nog moeilijker te onderkennen. Maar wanneer je dit wel begint te onderkennen, heb je al tachtig procent van het werk gedaan om er los van te komen.

Vergeven

Vergeven doe je voor jezelf. Vergeven is een wezenlijk onderdeel van genezing. Denk niet dat wanneer je de ander kan vergeven, je ex-partner 'er toch weer mooi en makkelijk van af is gekomen'. Nee, jij bent er dan relatief makkelijk van afgekomen. Vergeven gaat niet over gelijk hebben maar over het doorzien van je eigen oordelen, over het gedrag van de ander. Je vergeeft jezelf in eerste instantie en daar komt vanzelf uit voort dat je de ander zijn daden en gedrag niet meer als een persoonlijke aanval hoeft te zien. Jij hoeft de ander niet te straffen voor zijn daden. De dader zelf zit meestal met een enorm schuldgevoel en keert deze woede ook vaak naar zichzelf door negatief gedrag. Wanneer je iemand iets aandoet krijg je ooit het inzicht en de pijn die je hebt veroorzaakt zelf terug. Er is geen ontkomen aan, dat zijn de natuurwetten van het leven. Als je er in dit leven niet mee in aanraking komt, dan gebeurt dat wel erna. Een ding is zeker, jij hoeft je niet bezig te houden met wraakacties, want daar heb je alleen jezelf mee. En jij hoeft ook niet je ex tot inzicht te brengen. Laat die verantwoording bij hem of haar liggen of geef het over aan zijn Schepper. Ook al voelde je je jarenlang met het gevoelsleven en het geluk van je partner verbonden, nu is dat afgelopen. Dit is de tijd om te leren dat je nooit die verantwoordelijkheid op je kunt nemen voor het geluk van je partner en ook niet voor je kinderen. Je kunt alleen het goede voorbeeld geven en hun de vrijheid geven om daar wel of niet iets van op te steken.

Er zijn vele redenen waardoor je niet begint met vergeven. Met als gevolg dat je negatief verbonden blijft met iemand omdat zijn woorden en daden het verleden blijven oprakelen. Dit wil je niet. Als je los wil komen van je ex, begin dan te vergeven! Alles waar je nog boos over bent, alles waarin je teleurgesteld bent, alles. Wanneer je merkt dat je de ander niet kunt vergeven dan is ook dat weer een signaal dat je ook jezelf niet kan vergeven voor de fouten die je hebt gemaakt. Wees mild naar jezelf toe en probeer, met je nieuwe inzichten je eigen acties en keuzes ook te erkennen en te vergeven. Je had het allemaal niet aan hoeven zien komen. Je hoeft je nu niet schuldig en onzeker te voelen over alle beslissingen die je hebt gemaakt. Toen was het goed en deed je wat je dacht dat het beste was, nu kan je daar anders over denken en dat is ook goed.

Door inzicht in jezelf kan je ook de ander beter begrijpen en misschien kun je dan wel vergeven. Realiseer je hierbij wel dat een agressieve houding van je ex alleen maar voortkomt uit onzekerheid. Wanneer hij jou niet kan accepteren en liefdevol kan benaderen, kan hij zijn eigen pijn en angst ook niet serieus nemen. Die duistere kant van hem, die maar om liefde en erkenning vraagt. Je bent niet de enige die gekwetst wordt door onwetendheid en je kunt het niemand kwalijk nemen. Uiteindelijk zijn de mensen waar je de meeste moeite mee hebt je grootste leermeesters. Misschien kan je wel nooit vergeven en denk je dat als je die persoon maar niet meer ziet alles wel over gaat. Of je komt binnen korte tijd weer iemand tegen die in het begin helemaal in je beeld past maar al heel snel weer die irritante trekken begint te vertonen waar je bij je vorige relatie ook moeite mee had. Of ze gaat zich weer zo gedragen als je moeder wat je ook zo vervelend vond. Het blijft op je weg komen als je een ander niet kan accepteren hoe hij of zij werkelijk is. Probeer je dan af te stemmen op de concepten in je denken en de misvattingen te doorzien.

Ook na jaren kan het nog steeds zo zijn dat als je ex iets doet, en het misschien heel goed bedoelt, het jou toch weer in het verkeerde keelgat schiet. Het kan zijn dat je de ander al tijdens je relatie niet volledig accepteerde en eigenlijk het liefst wilde veranderen. Maar dit is onmogelijk en zeker als de relatie voorbij is. Het is dan ook heel wonderlijk hoe ex´en voortdurend op- en aanmerkingen blijven maken op elkaars gedag terwijl andere mensen daar heel anders naar zouden kijken. De belangrijkste oorzaak hiervan is dat beiden toch verwachtingen blijven houden met als gevolg opnieuw teleurstellingen. Het zien van je ex hoe die nu is en niet hoe die gister was zou je op dit moment al een veel ontspannender houding geven. Heb je die houdig nog niet dan laat je toch weer de beelden en concepten van het verleden overheersen.

In vergeving geef je de strijd in je denken op omdat je kiest voor vrede in plaats van erkenning of gelijk krijgen.

7. Gescheiden leven

Naast alle inzichten en gevoelens is het werkelijk gescheiden leven een hele verandering. Een scheiding heeft veel consequenties waar de meeste mensen zich pas na de scheiding bewust van worden. Op alle gebieden om je heen ontstaat een scheiding. Je huisvesting kan veranderen, de financiële middelen worden gedeeld en je vrienden en familie reageren verdeelt. Het is allemaal niet makkelijk en vaak zul je in het midden van alle veranderingen en consequenties het even helemaal hebben gehad of kan je in een flinke dip terecht komen. Het is allemaal heel normaal, het zou raar zijn als je dat niet had, we zijn allemaal heel menselijk en iedereen is gelijk in zijn pijn en verdriet. Een suggestie is om je leven vooral in deze tijd niet onnodig gecompliceerd te maken. Door bijvoorbeeld ook een andere baan te nemen die meer aandacht vraagt, ver weg van je kinderen te gaan wonen of grote investeringen te doen. Houd je leven eenvoudig en zo simpel mogelijk. Alle energie die je hebt zal je in deze tijd nodig hebben om de scheiding met aandacht te doorlopen en bewust te kunnen verwerken.

Levensstijl

Je woonde eerst samen en nu misschien alleen. Je kunt blijven zitten of moet verhuizen van het huis waarin je samen woonde. De kosten kunnen meer worden voor beiden, zodat de financiële spanning hoger wordt. Door al deze extra spanningen is het vooral belangrijk dit proces de tijd te geven. Ga niet direct, tijdens het eerste gesprek over een gescheiden huishouden, al discussies aan over de spullen die jij wilt meenemen. Begin met aandacht en steun te geven aan elkaar door te luisteren. Bedenk eerst wat jij kunt geven in plaats van wat je kunt krijgen. Op die manier verandert je hele intentie en daardoor ook het scheidingsproces. Jaag elkaar niet op door een verhuizing van je partner af te dwingen, probeer werkelijk te geloven in een gezamenlijk moment waarin beiden de beslissing kunnen maken voor een andere woonsituatie. Alle problemen die zich op dit terrein voordoen komen voort uit een strijd over de huidige situatie. Je kunt de kwesties wat betreft huizen en financiën als een vlucht gebruiken en als strijdtoneel voor dieper liggende emoties en pijn. Probeer die weg te vermijden, neem afstand en probeer opnieuw te praten als je rustig bent.

De weg van projecties eindigt immers pas als jij ermee ophoudt.

Verwacht daarnaast ook weer niet teveel van jezelf en probeer eerst contact te maken met jezelf en duidelijkheid te krijgen over wat jij wilt, voordat je overhaaste beslissingen neemt op financieel gebied en wat betreft de woonsituatie. Wanneer je ruimte nodig hebt, spreek dan een periode af waarin je apart gaat wonen of bij iemand gaat logeren. Spreek ook af wanneer je elkaar weer ziet. Zeker als er te veel spanning en ruzies zijn kan het beter zijn even apart te wonen als de kinderen er teveel onder lijden en jullie in je gesprekken niet verder komen. Maar als het mogelijk is met goede afspraken dan is het samen blijven wonen aan te raden, zolang je beiden echt aan de relatie wil werken. De kans is groot dat je heel snel uit elkaar groeit en de afstand opeens nog veel groter wordt tussen jullie als je apart gaat wonen. De tijdelijke opluchting voor beiden om schijnbaar even zonder spanning te leven is groot en kan heel verleidelijk zijn, waardoor je geen aandacht geeft aan de problemen die jullie samen uit kunnen werken. Met als gevolg dat je, zeker als je kinderen hebt, er toch aan moet geloven op een later tijdstip.

Ik zal iedereen altijd aanraden geduld te hebben en te vertrouwen op een gezamenlijke beslissing over dit proces om achteraf nog meer drama te voorkomen. Je kunt het 'verlaten van je gezin'-sticker opgeplakt krijgen of je kunt achteraf spijt hebben dat je er niet bent geweest in de moeilijkste fase van je gezinsleven. Moeders die zich schuldig blijven voelen omdat ze een wijntje teveel dronken of slaappillen namen toen ze er alleen voor stonden en het niet aankonden tijdens de periode van de scheiding. Er zijn talloze drama's die je gezamenlijk wel kan voorkomen als je wat meer geduld had gehad en geprobeerd had elkaar te steunen bij alle veranderingen. Mensen die zeggen dat dit niet mogelijk is kan ik alleen maar zeggen dat dit opnieuw een excuus is om je verantwoordelijkheid naar elkaar te ontvluchten. Er zijn genoeg mensen in mijn omgeving die dit wel konden. Misschien duurde het scheidingsproces iets langer, maar er is geen jarenlange nasleep van rechtszaken, woede, schuld en frustraties die ze op elkaar blijven projecteren.

De irritaties en verwijten die met de verandering van je woon- en financiële situatie gepaard gaan, kunnen zodanig beslag leggen op de invulling van je aandacht, dat je nauwelijks toekomt aan de verwerking van je verdriet en nauwelijks inzicht in de situatie kan krijgen. Wanneer je je aandacht eerst naar binnen richt dan zal je zien dat alles om je heen veel soepeler verloopt. Heb vertrouwen in dit geheel. Zolang het driftige kind van binnen aan het schreeuwen is, zal alles buiten je ook problemen en irritaties geven. De buitenwereld is, ik zei het al eerder, alleen een spiegel voor wat er zich binnen in jou afspeelt. Als het allemaal te hectisch wordt buiten je om, houd je dan even stil en luister naar je innerlijk. Wanneer je dat doet wordt het vanzelf stiller, ook buiten je. Probeer in ieder geval het ritme vooral als je kinderen hebt gewoon voort te zetten en daar je aandacht op te richten. Vooral met kleine kinderen is het heel belangrijk dat je elkaar blijft steunen, aangezien ze continu aandacht en verzorging nodig hebben. Op die manier kun je elkaar ook de ruimte geven om je afwisselend terug te trekken en je gevoelens te doorleven zonder dat het voor de kinderen een al te grote verandering is.

Kinderen

Voor partners met gezamenlijke kinderen is het een van de meest gevoelige en moeilijke aspecten van een scheiding. Je kunt alleen gaan wonen met de kinderen of juist niet. Dit kan werkelijk een hel zijn wanneer je je niet aan de omstandigheden kan overgeven. Bij het loslaten van je ex hoort vaak genoeg ook het loslaten van je kinderen bij. Ook wanneer de ouders in harmonie uit elkaar zijn gegaan en besloten hebben voor co-ouderschap, betekent het toch voor beiden dat zij hun kinderen veel minder zullen zien. Wanneer zij voor een gewone omgangsregeling kiezen zal de ene ouder de kinderen door de week niet meer zien en de andere ouder zal de kinderen wegbrengen in het weekend.

Voor beide ouders is dit een gewenningsproces maar voor de kinderen nog meer. Zij hebben vaak niets over de situatie te vertellen gehad en wat de ouders willen gebeurt. Veel te vaak wordt in dit soort situaties weinig of niets aan de kinderen gevraagd. Kinderen zijn erg gevoelig en weten vaak moeilijk met de spanningen van hun ouders om te gaan. Wanneer er binnen het gezin geen openheid en eerlijkheid is over het 'waarom' van de scheiding en de gevoelens niet enigszins met de kinderen worden gedeeld, zullen ze snel de schuld bij zichzelf gaan zoeken. Voor beide ouders is het dan ook van belang om gerichte aandacht te blijven geven aan de kinderen. Wat kan ik doen om het voor de kinderen zo rustig mogelijk te maken? Waarmee kan ik mijn ex ontlasten, die veel verdriet heeft en daarnaast ook het grootste deel van de zorg voor de kinderen op zich moet nemen. Kinderen willen hun vader blijven zien, omdat er bij hen een gevoel kan ontstaan dat zij 'verlaten worden' als vader ergens anders gaat wonen. Daarnaast kunnen kinderen hun gevoel voor veiligheid verliezen omdat wanneer er een ouder het huis plotseling verlaat, de ander ook zo maar weg zou kunnen gaan! Het voorbereiden van de kinderen op het vertrek van een van de ouders is dan ook verstandig. Hoe moeilijk het ook voor de ouders is, op deze momenten is het heel belangrijk het belang van de kinderen voorop te stellen.

Wat kinderen het belangrijkste vinden is dat pappa en mamma aardig blijven tegen elkaar. Je kunt geen ruzie blijven maken terwijl je ook zegt dat de rust voor je kinderen het meest van belang voor je is. Wanneer je te allen tijde het beste met je kinderen voor hebt, probeer dan geen ruzie te maken en als volwassenen met elkaar te communiceren. Maak afspraken wanneer je over je kinderen praat en over bezoekregelingen wanneer de kinderen er niet bij zijn en probeer dit niet even tijdens het brengen of halen aan de voordeur, in een paar minuten, te regelen. Dat werkt niet als er veel emoties spelen en de kans is heel groot dat er dan toch weer even nare dingen worden gezegd waar de kinderen wel weer bij zijn. Dit komt ook doordat je dan vaak in de verleiding komt je angsten en de pijn die je voelt van het gemis van je kinderen te projecteren op je ex door allerlei op- en aanmerkingen. Alsjeblieft, opnieuw een excuus om geen verantwoordelijkheid te nemen voor je eigen gevoelens. Probeer ook het verdriet van je kinderen serieus te nemen. Wanneer je dat af doet met de opmerking 'dat zij er niets van hoeven te merken omdat ze nog klein zijn' of 'dat een scheiding uiteindelijk beter voor ze is', neem je hun verdriet op dat moment niet serieus. Op die manier probeer je alleen maar je eigen schuldgevoel goed te praten. De kinderen zullen het je vergeven, maar ze willen wel gehoord worden en willen ook hun verdriet kwijt. Probeer op rustige momenten met hen te praten en ze alles zo duidelijk en helder mogelijk uit te leggen. Als ze verdrietig zijn is dat oké en je kunt ze verzekeren dat jullie beiden van ze blijven houden.

Ook al is een van de partners heel boos op de ander dan nog moet je proberen het contact met de kinderen niet te verhinderen. Als je met de verklaring komt dat pappie niet meer bij mamma wil wonen of andersom, moet je wel een antwoord klaar hebben als ze vragen naar het waarom. Verzeker ze dan dat de andere ouder niets verkeerd heeft gedaan en dat het niets met die ander te maken heeft. Neem verantwoordelijkheid voor je eigen beslissing. Zeg dat jij iets anders wil in je leven omdat het voor jou beter is en geef je ex daar niet de schuld van. Wanneer je dat wel doet kunnen kinderen een loyaliteitsprobleem krijgen en kunnen ze denken dat ze moeten kiezen of, nog erger, een 'schuldige' moeten aanwijzen.

Wanneer een van de ouders het af laat weten en de afspraken niet nakomt is het beter de kinderen niet in te lichten over de bezoeken, totdat je het zeker weet. Op die manier voorkom je huilende kinderen als een bezoek niet doorgaat op het laatste moment. Hoe je kunt uitleggen aan de kinderen als hun vader of moeder vertrokken is en helemaal niet meer terugkomt, is iets wat je ook moet proberen aan te gaan. Alles wat erbij hoort, alle vragen en alle antwoorden. En ook al weet je het antwoord niet altijd, dat maakt niet uit, je kijkt er naar. Ze krijgen dan in ieder geval het gevoel dat je hen en hun gevoelens serieus neemt. Dat jij ook niet alles weet en het er moeilijk mee hebt mogen ze ook best weten.

Een scheiding moet niet onbesproken blijven, anders blijven de gevoelens die ermee gepaard gaan zich ophopen bij het kind dat daardoor zijn hele leven, onbewust, wordt beïnvloed. Dit geldt, net zoals bij een overlijden, ook in dit proces waaraan kinderen bewust willen deelnemen, als onderdeel van hun verwerking. Het belangrijkste is aan te geven dat ieder op deze aarde zijn eigen pad volgt en dat ieder zijn prioriteiten en waarden heeft die niet altijd en op ieder moment overeen hoeven te komen. Daarnaast is het voor ouders alleen maar mogelijk net zo van een kind te houden als ze van zichzelf houden. De mate van liefde voor je kind is afhankelijk van je eigenliefde en het inzicht in je eigen volheid. Daarnaast gaan mannen hier anders mee om dan vrouwen. Beide invloeden zijn echter van evenveel belang voor een kind en zeer waardevol. Zowel het leren kennen van de binnenwereld als het omgaan met de buitenwereld is voor kinderen een leerproces, waarin beide ouders, maar ook grootouders, leraren en vriendjes een rol spelen.

Als je je kind, zonder pijn of woede, kunt aanhoren als het weer eens in huilen uitbarst en je er in liefde voor hem bent, is dat een teken dat je zelf al veel heb verwerkt en hebt kunnen accepteren. Ook wanneer het kind teruggetrokken is of boos, kun je proberen dit in de gaten te houden en aan te geven dat je er voor hem bent om er over te praten. Je kunt het proberen open te gooien door wat vragen te stellen als hij niet uit zich zelf durft te beginnen over zijn verdriet. Maar wanneer je kind niet wil praten, dring dan niet aan. Er komt een tijd dat ze er vanzelf over zullen beginnen, op de gekste momenten en plaatsen, en dan weten ze in ieder geval dat je er bent om naar ze te luisteren. In al deze gevallen is het belangrijk dat je door het verdriet van je kind geen nieuwe woede gaat creëren naar je ex omdat hij of zij er niet is voor je kind. Dat hij er niet voor jou is, kan je nog wel accepteren, maar dat hij je kind zoveel verdriet aandoet, dat pik je niet. Dit is opnieuw een valkuil.

De scheiding heeft plaatsgevonden, jij kunt ermee leren omgaan en dat kan je kind ook. Wanneer kinderen zien dat hun ouders weer met respect met elkaar kunnen omgaan, leren ze werkelijk heel veel. Ook als ze zien dat hun ouders na een rouwperiode ook weer kunnen genieten en lachen. Daarnaast kun je hen ook leren dat ze hun gevoelens mogen uiten en hun verdriet mogen tonen zonder dat ze daardoor 'minder worden' of 'zielig zijn'. Vertel ook over je eigen verdriet en gevoelens en vooral de dingen die je geleerd hebt en die je meer inzicht en rust hebben gegeven. Kinderen begrijpen meer dan je denkt. Het is onverstandig je kinderen niet serieus te nemen en ze maar 'verhaaltjes' te vertellen of te doen alsof er niets aan de hand is. Zij voelen alle spanningen haarfijn aan en als je niet eerlijk bent tegen ze dan zullen ze ook het vertrouwen in zichzelf en in jou verliezen. Wanneer hun vermoedens worden ontkend, gaan ze zich onzeker voelen. Laat het niet zo ver komen.

Familie

Voor de directe familie is een scheiding altijd een uitdaging. Gaan de ouders van de gescheiden stellen partij kiezen of kunnen ze beide partners blijven steunen en aanhoren zonder te oordelen? Trekken zij zich terug uit plaatsvervangende schaamte door het gedrag van hun kind of kunnen ze het opbrengen ook hun eigen gevoelens te uiten en de partners serieus te nemen? Kunnen zij de verantwoordelijkheid van het gedrag van hun kinderen bij hen laten of voelen zij zich indirect schuldig en onzeker over hun kwaliteiten als opvoeders? Vaak is dit een moeilijk punt. Je moet niet alleen loskomen van je partner maar ook van de familie. Er zijn weinig ouders die een ex nog blijven zien als een waardevol lid van de familie omdat het de ouder is van hun kleinkinderen. Dit zou echter wel heel ondersteunend zijn en eer doen aan zowel de vader als moeder van hun kleinkinderen. Wanneer je van je kleinkinderen houdt steun je ze door hun vader en moeder ook te steunen en hen niet af te vallen. Partij kiezen gebeurt vaak en wordt soms afgedwongen door de partner die de scheiding en de eigen gevoelens niet kan accepteren. Telkens willen zij in hun slachtofferrol de schuld van hun ex bevestigd zien door de familie. Als familie kun je dit beter niet doen. Dit wil niet zeggen dat je je kind afvalt, het zegt alleen dat je hen leert verantwoordelijkheid te nemen voor hun eigen gevoelens en beslissingen. Op die manier kan je bewust kiezen niet mee te doen met het spel van je kind die de verantwoordelijkheid van handelen wil afschuiven op zijn of haar ex.

Wees duidelijk naar je familie door aan te geven wat je wilt en waarbij ze je kunnen helpen. Maar probeer wel de ruimte te geven en dwing ze niet opeens van alles op. Daarnaast kan je zelf niet teveel de verantwoordelijkheid voor je kinderen bij je ouders leggen als je het zelf even niet kunt opbrengen. Het is heel fijn, die tijdelijke steun, maar probeer zo snel mogelijk weer op eigen benen te staan. Hoe verdrietig je ook mag zijn probeer ook aan te voelen hoeveel je ouders aankunnen. Je kunt veel vragen en misschien veel praten maar probeer niet een al te grote last bij hen neer te leggen als je voelt dat het hen wel heel zwaar wordt. Zij kunnen jouw dilemma niet oplossen. Zij kunnen jouw schuld en verdriet niet wegnemen en je verdriet kan heel moeilijk te accepteren zijn voor je ouders. Zij kunnen alleen proberen onbevooroordeeld naar je luisteren en je de aandacht en liefde geven die je nodig hebt om te accepteren en te genezen.

Helaas gaat het vaak niet echt harmonieus met familie en schoonfamilie omdat zij ook met hun eigen pijn en schuldgevoelens worden geconfronteerd. Ze kijken terug naar hoe zij met hun eigen huwelijk zijn omgegaan en hoe zij het deden toen hun kinderen klein waren. Talloze vragen, twijfels en gevoelens kunnen hen bezighouden, wat het allemaal niet eenvoudiger maakt. Ook de ouders van het gescheiden stel ervaren indirect een verwarring en verandering waarin oud verdriet en angsten naar boven kunnen komen. Ze kunnen door hun onzekerheid over deze gevoelens dit gaan projecteren op hun kinderen. Er zijn ook ouders die geen contact meer willen doordat ze het gedrag van het gescheiden stel veroordelen of de pijn niet aankunnen die hun kind heeft. Ieder is gerechtvaardigd zijn eigen beslissing te nemen, maar daarbinnen is het wel verstandig als grootouders de situatie te kiezen waarmee je je kind en zijn of haar partner kan ondersteunen en niet nog meer ruzie en spanning oproept. Het is heel verleidelijk om je eigen verdriet af te reageren op een onrechtvaardige situatie die je kind overkomt. Maar probeer werkelijk je kind te steunen zijn eigen stem en eigen weg te volgen en hem of haar niet te overtuigen van jouw mening. Je kunt daarmee onbewust de situatie beïnvloeden, wat je later misschien niet in dank wordt afgenomen.

Je kunt je kind het beste steunen door te wijzen op de keuzes van gedrag en de mogelijke consequenties, zonder je eigen angsten teveel op de voorgrond te plaatsen. Wanneer ze dan op een moeilijk moment zich toch weer begeven in de projectie, kan je daar als ouder heel duidelijk over zijn. Er is geen schuldige, ieder doet wat hij of zij het beste achtte en wanneer ze zelf niet veroordeeld willen worden moet je stoppen met de ander te veroordelen. Maar ja, dit hele traject begint bij jezelf! Zolang je jezelf nog blijft veroordelen en rond loopt met schuldgevoelens zal je dit blijven projecteren naar je ex en als je ouders er ook op die manier mee omgaan zullen ze je patroon in stand houden.

Vrienden

Je hebt vaak gezamenlijke vrienden die niet weten wat ze moeten doen in een dergelijke situatie. Wat wordt van hen verwacht? Ze willen eigenlijk diep van binnen beiden niet afvallen. Toch doen ze dit vaak wel om een van de partners het gevoel van steun te geven. Het gedrag van vrienden geeft uiteindelijk alleen maar aan hoe zij zelf tegen de wereld aankijken en hoe zij zelf met gevoelige situaties omgaan. Kunnen ze onbevooroordeeld luisteren zonder je bij te vallen wanneer je in de aanval gaat van je ex? Praten ze maar met je mee omdat ze je niet willen verliezen of herinneren ze je aan je eigen verantwoordelijkheid en proberen ze je aandacht te richten op jezelf in plaats van op je ex? Steun betuigen door medelijden is aardig, maar helpt niet echt. Wanneer ze vertrouwen hebben in jouw kracht en verantwoordelijkheid helpt dat wel. Ze helpen je dan je gevoel van eigenwaarde en zelfvertrouwen weer op te bouwen. Vertrouwen dat je vaak even kwijt bent, daarom heb je vrienden. 'Vrienden zijn' betekent ook dat je mag zeggen wat je ervan vindt en dat je het niet eens hoeft te zijn met de opvattingen van elkaar. 'Vrienden zijn' betekent ook dat je elkaar aandacht geeft en probeert te accepteren in wat voor verwarrende staat je ook bent. Als je vrienden gaan scheiden betekent het dat je hen beiden in hun waarde kan laten zonder partij te kiezen. Dat je begrijpt dat iedere relatie een eigen weg gaat die soms niet te begrijpen is en dat daarnaast iedereen vergissingen maakt en tijdens de scheiding veel verdriet kan hebben.

Helaas heeft niet iedere vriend het inzicht in wat je echt nodig hebt in zulke tijden, maar je kunt wel aanvoelen of ze oprecht zijn in hun poging. Op zulke momenten zie je ook wie werkelijk een vriend voor je kan zijn. Sommigen kunnen heel goed luisteren, anderen geven je steun door een enkel woord of eten voor je te maken. Ze geven stuk voor stuk een deel van zichzelf op hun eigen manier en dat is iets waar je heel dankbaar voor kunt zijn. Vrienden zijn heel noodzakelijk en ondersteunend vooral gedurende een scheiding. Maar maak geen misbruik van je vrienden door ze dag in dag uit opnieuw het hele verhaal te vertellen. Er zijn grenzen en die zal je ook zelf snel aanvoelen. Ook zij hebben jouw begrip nodig als het teveel wordt of wanneer ze het moeilijk vinden met jouw verdriet om te gaan omdat het hen kan confronteren met hun eigen gevoel van machteloosheid.

Er zijn echter ook vrienden die je zwaar teleurstellen, gewoon omdat je te hoge verwachtingen had en de ene vriend de andere niet is. Maar vrienden kunnen ook boos op jou worden, omdat jij niet aan hun verwachtingen voldoet. Het kan gebeuren: juist wanneer je in een crisis zit krijg je ook hun veroordeling en projecties over je heen. Je bent bij een vriend of vriendin om te delen dat je het moeilijk hebt en je krijgt er direct van langs. Ook zij spelen dan een spiegel en dat is soms erg pijnlijk. Wat je ex zegt over jou kunnen je vrienden herhalen. Binnen een dergelijk situatie kunnen sommige vrienden, die je nooit de waarheid durfden te vertellen, nu alle frustraties uit het verleden over je heen storten. Er kan jaloezie bij zitten of angst of zij projecteren hun verdriet over jullie scheiding in de vorm van oordelen. Misschien vinden sommige vrienden het eigenlijk wel prima, omdat ze vinden dat het wel goed voor je is als het ook een keer slecht gaat met je. Allemaal situaties die je er 'gratis' bij kan krijgen tijdens een scheiding!

Automatisch ga je de mensen uit de weg die je een slecht gevoel geven en blijf je bij de vrienden komen die je wel een goed gevoel geven, tenzij je wilt lijden. Maar als je een vriend hebt die jullie beiden regelmatig blijft opzoeken? Kan je daarmee omgaan of ga je die ook uit de weg? Jouw reacties op de acties van je vrienden kunnen je uitstekend laten zien waar je staat in je verwerking en je gevoel van eigenwaarde. Interessant is het wanneer je vrienden ophouden je rol van slachtoffer te steunen. Wanneer je daar boos over bent kan het zijn dat je die vrienden kwijt raakt. Op een dergelijk moment laten ze je eigenlijk zien dat je ten eerste jezelf in de steek laat. Probeer in het contact met vrienden, die terugkoppeling te maken naar je eigen gevoelens. En wanneer je weer inzichten hebt gekregen en verder bent gekomen kan je dat ook delen. Vrienden hoeven niet voortdurend je drama aan te horen, ze hebben het recht er ook genoeg van te hebben en willen na een jaar misschien ook wel eens horen 'dat het goed met je gaat'. Vriendschap blijft een wederzijdse uitwisseling, een dialoog en verwacht niet alleen maar meepraters. Luister ook naar een andere mening, soms zien zij het geheel net iets scherper van een afstand.

Er zijn echter ook vrienden die partij kiezen. Wanneer ze nog met beiden contact hebben kan dat voor hen verwarrend zijn of zij hebben er geen behoefte meer aan. Probeer ze niet te veroordelen. Probeer te begrijpen dat veel mensen niet kunnen omgaan met verdriet en pijnlijke gevoelens en zo snel mogelijk de behoefte hebben weer alleen over leuke en normale, ongecompliceerde dingen te praten. Misschien confronteert jouw scheiding ze teveel met hun eigen, moeizame relatie of de scheiding van hun ouders. Er zijn talloze redenen waarom mensen niet geconfronteerd willen worden met situaties die nare gevoelens bij hen naar boven brengen. Zij kunnen alleen een voorbeeld voor jou zijn waar je van kunt leren. Wil jij je vrij maken, zodat je niet meer onbewust door die gevoelens wordt geleid in de toekomst en er daardoor niet kan zijn als jouw vriend je nodig heeft? Of stop je je verdriet en angsten weg waardoor ze je onbewust zullen blijven verrassen en beïnvloeden in de toekomst?

Elke vriend heeft zijn eigen gave. Als je een prater wilt, zoek die dan op. Als je afleiding wilt of een avondje lol, bel een vriend die je dat kan geven. Als je steun en hulp nodig hebt, zoek iemand op die je dat kan geven en verwacht dit niet van vrienden waarvan je al weet dat ze dat eigenlijk niet kunnen geven. Je kunt niet van alles verwachten van je vrienden na een scheiding, net zomin als van je familie. Maar als ze je kunnen steunen op hun eigen manier, dan is dat al mooi meegenomen!

Werk

Je gaat naar je werk terwijl je vol zit van de situatie thuis. Hoe ga je ermee om? Doe je net alsof er niets aan de hand is of deel je het heel bewust met collega's? De strategie op je werk is voor iedereen anders. Niemand kan je vertellen wat het beste werkt voor jou. Het begrip en de steun van je collega's kunnen kracht geven, maar de soms onhandige, goed bedoelde opmerkingen, kunnen je ook veel verdriet doen. Je collega's kunnen door je moeizame thuissituatie rekening houden met je werkdruk en je niet nodeloos lastig vallen of onder druk zetten. Maar ze kunnen je ook simpelweg passeren of een project voor je neus wegkapen met het idee dat je in deze emotionele labiele toestand niet goed in staat zou zijn je werk op dat niveau voort te zetten. Het kan alle kanten op gaan. En alleen jij voelt het beste aan wat je wilt. Laat je echter niet leiden door te veel angst! Zou je het heel graag willen vertellen maar durf je het niet omdat je het zelf veroordeelt en als falen ziet, zet jezelf dan niet teveel onder druk. Kies iemand uit op je werk en vraag of ze dat ´onder ons´ wil houden. Dan is er in ieder geval iemand op de hoogte van de emotionele druk die je meeneemt naar je werk.

Neem in ieder geval op dit terrein geen al te radicale beslissingen. Als je alles in een keer gaat veranderen dan kunnen die keuzes ook beïnvloed worden door de angst of woede die meer met de scheiding te maken hebben, waardoor ze niet in rust en vrede worden genomen. Eén ding tegelijk. Veel mensen gebruiken hun werk echter om in weg te vluchten als er emotionele zaken thuis gebeuren. Dit is prima natuurlijk als het werk je kan ontspannen en je voldoening geeft, maar het is geen excuus om geen aandacht te geven aan de emoties en gevoelens die de situatie thuis met zich meebrengt. Wanneer je ze laat liggen omdat je ze nog 'te eng' vindt en je al je aandacht steeds op je werk richt, probeer het dan bewust te doen. Wees je er dan ook bewust van dat je gevoelens ergens op een later tijdstip toch je aandacht zullen opeisen. Het probleem met het wegduwen van de emoties, die door de scheiding aan de oppervlakte komen, is dat je ze terug duwt in je onbewuste vijver, waar ze al die tijd daarvoor ook al lagen. Wanneer er dan een volgende crisis in je leven verschijnt, komen al deze monsters ook weer in volle vaart mee.

Probeer in deze situatie zoveel mogelijk jezelf te zijn, ook in je verdriet en je kwetsbaarheid. Juist wanneer je ook aan je collega's kan laten zien dat je de situatie thuis serieus neemt door er aandacht aan te geven, kom je sterk en volwassen over. Het wegwuiven van je gevoelens en je pijn met flauwe grappen verdoezelen geeft een gespannen sfeer. Zij zien dat je het moeilijk hebt maar je wilt het niet erkennen. Op dat moment neem je jezelf niet serieus en zullen anderen mensen om je heen dat ook spiegelen door jou ook minder serieus te nemen. Terwijl je juist in dit soort situaties oprechte steun en begrip goed kunt gebruiken!

8. Opnieuw geboren

Het begon met de vlinders in je buik. Een eindeloze tijd waarin je voor even bevrijd bent van je denken. Je ziet het mooiste in de ander en de ander ziet dat ook in jou. Je voelt het leven en de inspiratie naar boven borrelen. De ander laat je zien wat in je zit omdat je het zelf vergeten was en niet in staat was dit naar boven te halen zonder hulp. Dit kan een paar weken duren maar ook enkele jaren. Maar dan komt het denken met zijn oordelen, en daarmee je angsten en weerstanden, weer naar boven. Terwijl je dacht er bevrijd van te zijn. En dan komen we op een cruciaal punt in de relatie. Op zo'n moment is het belangrijk om bij jezelf te blijven en werkelijk te voelen hoe het zit. Kan ik deze gedachten negeren of vragen ze zoveel aandacht juist omdat het zulke vaste patronen zijn? Kan je deze gedachten dan de ruimte geven door er over te praten zonder je te laten leiden door de angst om afgewezen te worden? Kies ik voor liefde of laat ik me door angst leiden? Kan ik samen met mijn partner die angst en vreugde delen, zonder dat een van beiden een rol gaat spelen om aan de verwachtingen van de ander te voldoen? Doe je concessies en verlies je jezelf in je relatie omdat je aan het beeld van de perfecte relatie wilt blijven vasthouden om niet de nare, minder leuke kanten van jezelf en je partner te zien?

Allemaal vragen, allemaal situaties die voorbij komen, totdat je ontdekt dat alleen jij jezelf kan bevrijden. Elke relatie is een leerproces, een kans jezelf te vinden, te accepteren en volledig lief te hebben. Een kans waarin je kunt leren eens en voor altijd op te houden met rollen te spelen en jezelf voor de gek te houden.

Naast deze tijdelijke, romantische liefde bestaan er ook een ander soort liefde. Liefde die onafhankelijk is van je partner. Liefde die nooit vergaat en altijd aanwezig is je te vervullen. Elke dag kan je kiezen om je bewust te richten op die liefde van binnen en dat doe je zelf. Daar heb je niemand voor nodig. Wanneer je van jezelf houdt en kiest voor liefde, zal de hele wereld die keuze aan je spiegelen. Maar de meeste mensen kennen alleen voorwaardelijke liefde. Ze zijn bang voor afwijzing en voldoen aan de verwachting van de ander, want ook zij veroordelen de ander volgens hun eigen beeld. Ze benaderen een relatie om te zien wat die hen kan geven in plaats van wat zij kunnen bieden. Binnen de kortste keren wordt de relatie een 'bankrekening' waar de in- en uitgaven nauwkeurig worden bijgehouden. Op die manier kun je jezelf verliezen in zelfbedrog. Je bent tenslotte wie je bent en wanneer je in het begin over je grens gaat om aan de ander zijn behoefte te voldoen begin je al aan gedrag waardoor je later problemen kunt krijgen in je relatie. Na jaren samen in een vast patroon te hebben geleefd, is het moeilijk loskomen van elkaar of door een verandering te gaan zonder elkaar te verlaten.

Verliefdheid is mooi maar heeft, zoals alle dingen, twee kanten. Door het gevoel van eenheid is het gevoel van verslagenheid des te groter als je je niet meer zo verbonden voelt, doordat je vooroordelen weer naar boven komen. Je gaat meer oordelen en de eerste teleurstellingen en verwachtingen gaan een rol spelen. Het wanhopig op zoek gaan naar meerdere ervaringen waardoor je weer die kick en spanning kunt bereiken, zullen je uiteindelijk geen vervulling geven. Verliefdheid is van tijdelijke aard en laat je zien wat mogelijk is als een continue staat van zijn. Het kan als een drug zijn, een tijdelijke shot van romantiek, die als het is uitgewerkt weer vraagt om een nieuwe dosis. Meestal gaat verliefdheid over in een staat van voorwaardelijke liefde maar je kunt ook kiezen voor het opbouwen van een gelijkwaardige relatie, waarin je onvoorwaardelijk van iemand kan leren houden zonder dat je jezelf in de steek hoeft te laten. Het idee dat alles vanzelf moet gaan, anders is de relatie niet goed of houd je niet genoeg van de ander, is een illusie. Een relatie is een heel confronterende weg naar zelfrealisatie en inzicht. Alle aspecten van jezelf die je nog niet hebt geaccepteerd zullen binnen korte tijd aan de orde komen doordat je partner die bij je aanspreekt. En ook al vind je het niet leuk, het zal blijven gebeuren aangezien je ziel volledig gekend en geaccepteerd wil worden en je voorbij het denken in concepten wil leiden. Alleen door de volledige omarming van die kanten in jou die je niet wil zien, is het vrij leven in liefde en het Nu mogelijk.

Dus als je snel weg wilt, zegt dat soms meer over jezelf dan over je partner. De neiging komt naar boven te vluchten wanneer je partner nare trekjes en eigenschappen bij jou naar boven haalt. Vaak kiezen partners dan voor het opbreken van de relatie voordat ze hun angsten, behoeften en teleurstellingen hebben besproken en doorzien. En waarom? Omdat de meesten onderzoek over gevoelens gezeur vinden en diep van binnen niet geloven dat ze het waard zijn om eerbied en respect over hun gevoelens te ontvangen van hun partner, omdat ze dat ook niet genoeg voor zichzelf hebben.

Wanneer je een relatie aangaat, vereist dit aandacht en liefde. Anders houdt de relatie vanzelf op. Je kunt een sfeer creëren waarbinnen je allebei belooft open en eerlijk te zijn naar elkaar over je gevoelens. Je zult elkaar steunen en aanhoren zonder oordeel en op die manier je liefdevolle aandacht geven aan elkaar. Je bent er niet om de problemen van de ander op te lossen of zijn of haar verantwoordelijkheid op je te nemen. Alle andere redenen om een relatie aan te gaan, dan er voor elkaar te zijn in je eigen proces van spirituele groei, kunnen doodlopen of je benauwen. Zolang je nog op zoek bent naar die ideale partner die jou redt uit je ontevredenheid en je een gouden toekomst belooft, zul je bedrogen uitkomen. Niemand kan jouw gevoel voor eigenwaarde opvullen door zijn liefde. Jij bent niet eens in staat het te ontvangen als je die liefde niet voor jezelf hebt. Ze kunnen er echter wel zijn om je liefdevol terug te brengen naar je eigen bron. Wanneer je open en nieuwsgierig blijft naar de oneindige diepte van iemand anders dan zal je nooit bij een ander hoeven zoeken. Maar wanneer je al gestopt bent je eigen ziel te ontdekken dan zal je dit ook snel bij je partner doen en dan komt de 'verveling' om de hoek kijken.

Als je door een scheiding weer alleen staat, kun je heel goed terug kijken en zien op welke momenten je niet volledig eerlijk bent geweest naar jezelf toe. Het is meestal een zegen als je daardoor weer verder kan groeien, doordat veel sluimerende gevoelens door een crisis aan de oppervlakte komen en je inziet waar je jezelf voor de gek hebt gehouden. Welke verwachtingen heb je gehad en welke angsten hebben een rol gespeeld? Kan je hier eerlijk over zijn? Op die manier kan je heel duidelijk voor jezelf stellen waar je destijds in tekort bent geschoten, door bijvoorbeeld teveel op te offeren van jezelf waar je de ander uiteindelijk ook geen plezier mee doet. Dit brengt een onderliggende woede met zich mee naar je partner omdat je dat voor de ander hebt gedaan maar zelf niet echt wilde. Kijk goed naar het patroon waar jullie in verzeild zijn geraakt en probeer jezelf te vergeven. Wanneer heb je geen aandacht gegeven aan je relatie en wanneer is je intentie verschoven naar een idee van het ergens anders gaan zoeken. Bekijk alles wat je zelf hebt gedacht. Je gedachten creëren de werkelijkheid die is 'uitgekomen' door de scheiding. Ook al had je het niet zo bedoeld, het is nu eenmaal zo en je kan beginnen de positieve aspecten van een scheiding onder ogen te zien. Er zijn er vele, net zoals in een relatie! Het is maar net waarnaar je wilt kijken en waar je aan vast wenst te houden.

Het 'alleen zijn' is sowieso een goeie oefening om te ontdekken of je je ook zonder partner gelukkig en compleet kunt voelen. Misschien hebt je nooit zo'n fase gekend en ontdek je nu voor het eerst wat dat kan betekenen. Kom je voor het eerst in je kracht te staan of voel je dat je bent gegroeid. Je hoeft je niet alleen te voelen zonder gezelschap. Ga genieten van je eigen gezelschap en begin met dingen te doen die je vreugde geven. Niet om te vluchten voor je emoties, nee, omdat het dit keer vanuit je diepe inspiratie naar boven komt. Wanneer je denken in paniek bezigheden gaat ontwikkelen weet je al dat je vlucht. Dan is het nog even tijd te blijven zitten en je dagelijkse ritme te leven en te voelen. Maar voordat je het weet komt er een teken van binnen dat je weer aanzet tot nieuwe acties. Er zullen momenten zijn dat je steeds meer die gevoelens van volledige rust kan ervaren, die steeds langer duren. Het kan zijn dat je ook weer aandacht krijgt voor je omgeving en nieuwe vrienden ontmoet. Wanneer je dat voelt kan je zelf heel duidelijk zien dat je alweer een heel eind op weg bent. Je kan je weer openstellen voor andere mensen en werkelijk geïnteresseerd zijn zonder aan je eigen 'drama' te denken. Het kan zijn dat je je vanuit je denken en vluchtgedrag blijft bezighouden met het ontmoeten en ondernemen van nieuwe dingen. Probeer een middenweg te vinden. Niet te veel onnodig samenzijn met mensen waar je niet werkelijk jezelf kan zijn, hiermee doe je jezelf tekort. Probeer ook niet direct bij anderen te kijken wat ze voor jou kunnen betekenen en of ze je misschien kunnen helpen of je leegte kunnen opvullen. Hiermee houd je jezelf voor de gek. Zij zullen nooit aan je verwachtingen voldoen want wat je zoekt zit in jou, dat is de eerste stap.

Een scheiding als een nieuwe geboorte: van een afhankelijk en onzeker persoon naar een bewuster en sterker mens. Van een ongevoelig, egocentrisch mens naar een zorgzame partner die heeft geleerd zijn gevoelens te verwoorden. Er kan van alles gebeuren. Er is natuurlijk geen scheiding noodzakelijk voor innerlijke groei, maar voor degenen die erdoor heen gaan kan het dat wel degelijk zijn! We kiezen onze lessen maar die zijn vaak verpakt in een vorm die we zo niet gewenst hebben. Probeer te vertrouwen dat alles gaat zoals het moet gaan en dat alles gebeurt wat goed is voor jou. Het vertrouwen hierin heeft mij heel veel steun gegeven. Ik kon het wel niet begrijpen en zien in eerste instantie maar geleidelijk aan wordt alles duidelijker. Geduld tijdens een scheiding is niet alleen een schone zaak, maar heel noodzakelijk, wil je in liefde van elkaar loskomen.

9. Schijnbare terugval

Er zijn situaties waarin je plotseling je tranen voelt opkomen. Je komt op een plek waar je voor het eerst samen was met je ex. Je gaat op vakantie en ziet je kinderen lief spelen met een ander en je denkt aan hoe hun vader of moeder was terwijl jij toekeek. Je ligt alleen in bed en hebt behoefte aan een knuffel. De kerst wil je niets liever vieren dan met de vader of moeder van je kinderen. Je brengt de kinderen weg naar je ex. Je voelt het verlies en de pijn. Je gezin is uit elkaar gevallen.

Wanneer je geleidelijk aan je leven weer op de rails hebt gezet en veel aandacht hebt gegeven aan jezelf en je eigen gevoelens wil dat niet zeggen dat je daarna niets meer voelt. Die plotselinge ontroering en de flashbacks horen erbij. Het enige verschil met het begin is dat je, door het verleden te accepteren en los kan laten, je weer kan genieten van de mensen en dingen die wel in je leven zijn. Het lijkt misschien alsof je iets niet hebt verwerkt als je zo nu en dan verdwaalt in het verleden maar dat hoeft helemaal niet zo te zijn. Juist als je dit ook toelaat, geef je aan dat je niet bang bent. Dat je geen haast hebt, dat je ruimte geeft voor het verdriet. Dat je jezelf met liefde benadert. Je bent daarmee heel ontspannen naar je eigen emoties en gevoelens toe, die daardoor ook direct oplossen nadat je dit voldoende aandacht hebt gegeven.

Neem hier de tijd voor. Laat je niet opjagen en denk niet opeens dat je alles snel geregeld moet hebben. Voor een huwelijk neem je ook de tijd, dus doe dat ook met een scheiding! De omgeving zal je misschien opjagen om alles goed te regelen. De nieuwe partner van je ex zal zijn of haar eisen stellen. Allemaal mogelijkheden die kunnen optreden, maar probeer er niet vanuit te gaan. Schep een helder beeld, vol vertrouwen voor de toekomst. Dit zal je helpen helder en duidelijker met de veranderingen om te gaan. Wees redelijk en verstandig maar laat je niet opjagen. Alle adviezen die je onrust geven komen voort uit angst. Doe pas iets als je een ingeving krijgt die uit rust en vrede wordt geboren, zoals na een rustige avond en een goed gesprek met iemand die je vertrouwen geeft.

10. Loskomen

Van een wezenlijk loskomen van je ex zal nooit sprake zijn. Wij zijn allemaal energie en alles om ons heen blijft ons continu beïnvloeden. Albert Einstein stelde ook al 'dat alles met elkaar verbonden is'. De werkelijkheid ligt voorbij onze concepten en is niet wat we denken. Wanneer je ervan uitgaat dat we oneindige wezens zijn die als geest tijdelijk een vorm aannemen in dit aardse leven, kan dit ook een hele andere kijk geven op de manier hoe je met een scheiding omgaat. Wanneer je werkelijk gelooft dat wij allen een pad kiezen waarbinnen we blijven leren en groeien, dan hoort daar een scheiding bij wanneer het gebeurt. Ook al wil je het niet, als het gebeurt dan is het iets wat het leven je geeft en wat een groei kan betekenen voor je ziel. Met deze kijk kan je je ex niet kwalijk blijven nemen wat hij of zij heeft gedaan of heeft nagelaten. Ieder doet wat hij op dat moment denkt of kan doen. Misschien was je ex niet in staat te communiceren omdat hij dat ook nooit thuis had geleerd of verwond was door een trauma. Misschien kon hij niet anders dan vluchten, in plaats van met liefde en steun afscheid nemen. Maar wellicht kan hij het een volgende keer wel. Jij kan de ander niet dwingen te handelen met inzicht wanneer hij jouw wereld niet ziet en begrijpt. Je kan aangeven wat je wilt maar je kan daarnaast ook de ander de vrijheid geven zijn eigen keuzen te volgen en lessen te leren op zijn eigen manier.

Vaak denken gescheiden stellen dat hun ex 'volslagen gek' is geworden en dat je hem of haar nooit hebt gekend. Maar ik denk dat het vaak juist andersom is. Jullie zijn misschien jaren getrouwd en kennen elkaar juist heel goed. Je ontkent dit echter alleen omdat je ex dingen heeft gezien van je die jij niet wilt accepteren van jezelf. De ex vindt dan dat de ander in therapie moet, maar kan meestal zelf therapie ook heel goed gebruiken! Je kunt weglopen of er naar kijken. Iemand die na jaren de tekortkomingen in zijn partner zodanig vindt dat een scheiding noodzakelijk is, heeft vaak ook grote moeite met zijn eigen tekortkomingen die hij sterk veroordeelt. Je hoeft niet perse te scheiden als je in de ander geen inspiratie of bevrediging meer vindt voor je behoeften. Het geeft alleen maar aan dat je vergeten bent wie je zelf bent, dat je zelf je bron van inspiratie en liefde bent.

Wees bewust wat je wil. Ga je het geconditioneerde denken dienen of je ziel? Ga je voor een liefdevolle relatie en een liefdevolle scheiding of ga je voor pijn, schuld, macht en de bevrediging van je be hoeften? Wanneer je uitgaat van een liefdevolle benadering naar jezelf zul je dit altijd spiegelen naar de buitenwereld die ook zo met jou omgaat. Maar de binnen wereld bepaalt hoe jij kijkt naar de buitenwereld, dus als je iets wilt veranderen: kijk eerst naar binnen en zie. 'Ken u zelve' stond er toch ergens op een Griekse tempel?

We zijn allemaal verbonden met elkaar en wanneer je bewust een relatie aangaat ben je dat nog meer. Ook wanneer je niet meer samen woont delen jullie vaak een verleden en wanneer je kinderen hebt blijf je altijd een regelmatige relatie houden. Loskomen betekent voor mij dat je elkaar niet meer op een negatieve manier blijft beïnvloeden. Dat je hebt afgerekend met het verleden en dat je in het Nu met elkaar kan zijn en weer open kan zijn hoe de ander nu is. Dat je in alle rust met de ander afspraken kan maken, die niet worden verstoord door weggestopte emoties, frustraties of wantrouwen. Dat je elkaar op een positieve wijze kan steunen en je in overleg met elkaar een gerichte opstelling naar de kinderen hebt. Een ding is zeker: als je kinderen hebt, loop dan niet weg van je gevoelens. Je kan dit wel doen maar uiteindelijk zullen je kinderen dan je spiegel spelen. Wil je geen aandacht geven aan het opbouwen van een respectvolle relatie met je ex door excuses te verzinnen, bijvoorbeeld dat je niet kan vergeven, dat het te snel gaat, dat je nog zo boos bent, dat het te confronterend is, dat je de kans niet krijgt, dat je niet anders kan door je werk, of je nieuwe partner of dat je geen tijd hebt, dan loop je weg voor de kans die je krijgt om jezelf werkelijk te leren kennen. Dat je ophoudt te bedenken dat de ander verantwoordelijk is voor jouw gevoelens en frustraties. Dat je nu kan beslissen om jezelf werkelijk vrij te maken of dat je nog een tijdje wilt rondlopen met de weggestopte aspecten van jezelf die je stroom van het leven belemmeren. En uiteindelijk ook kostbare tijd met je kinderen kost, waar je later weer spijt van kan krijgen.

Het proces van loskomen is groei, net zoals alles wat je aangaat en wat eindigt. Loskomen heeft te maken met het doorprikken van de illusie en de waarheid achter je behoeften en je pijn kunnen zien. Dat je door de acties van je ex kan heen kijken als die je aanvalt of niet begrijpt. Dat je mededogen kan voelen als je ziet dat achter alle aanvallen, pijn en verdriet zit. Dat mensen eigenlijk met hun harde woorden vragen om liefde, steun en begrip. Kan je erbij blijven waar het om gaat tijdens de omgang met je ex en kan je binnen die opstelling in liefde je grenzen blijven aangeven?

Luister naar je verhaal

Je zit met vrienden en je hebt het over het verleden. Hoe praat je over je ex? Kan je met liefde terugkijken naar de situatie? Kan je met begrip in plaats van verwijten praten over de acties van je ex? Of worden de negatieve verhalen in geuren en kleuren nog eens opnieuw verteld, met een beschuldigende ondertoon? Praat je helemaal niet over je ex en probeer je dat ook zoveel mogelijk te vermijden met je vrienden omdat je de situatie en je eigen rol in het verhaal heel moeilijk vindt te accepteren? Kun je je ex steunen wanneer die daar om vraagt of blijf je van je afbijten door het knagende schuldgevoel dat je met je meedraagt? Blijf bewust jezelf observeren. Je zal je patronen ontdekken, je schuld en je angsten. Probeer ze te accepteren zonder oordeel. Alleen door die werkelijke relatie met jezelf aan te gaan laten die gevoelens jou los. Wanneer je telkens weer teleurgesteld raakt in het contact met je ex, kan je opnieuw terug naar jezelf. Heb je de ander wel geaccepteerd of verwacht je nog steeds dat hij zich zal gedragen op de manier die jij als juist ziet? Heb je vertrouwen in je ex of wantrouw je nog steeds zijn of haar woorden doordat hij of zij ooit tegen je heeft gelogen? Hoop je toch nog ergens dat je ex je de bevestiging geeft die je jezelf niet kan geven? Allemaal vragen die je kunnen laten zien in hoeverre je los bent, in hoeverre je de verantwoordelijkheid van je gevoelens zelf neemt zonder telkens met je vinger naar buiten te wijzen.

Wanneer je deze weg bewandelt, van het luisteren naar je verhaal, zul je misschien op een goed moment het verhaal willen laten vallen. Je hebt misschien minder behoefte om over de scheiding en de omgang met je ex te praten, wanneer je dit al in overvloed hebt gedaan. Maar misschien kun je nu juist ook weer wat beter praten omdat de schaamte over het gebeuren wat is verminderd. Maar voel duidelijk dat je op weg bent je verhaal te laten vallen. De bevalling van je kinderen blijf je ook niet jaren herhalen. Dit doe je de eerste maanden en als je misschien een zwangere vrouw ontmoet maar niet bij elk gesprek en elke nieuwe ontmoeting. Een bevalling, een ziekte, een overlijden, een scheiding; het zijn allemaal ingrijpende gebeurtenissen. Ze komen en gaan. Je verhaal laten vallen werkt bevrijdend. Net zo als stoppen met roken of een andere vervelende verslaving. Je legt een stuk van je verleden af. Je maakt je vrij. Je neemt de lessen mee maar de woede, de wrok en de pijn heb je doorleeft en die zijn opgelost. Er is geen functie meer op een bepaald moment om je verhaal te vertellen als het niet dient als verwerking maar als herhaling, als een verslaving.

Financiële en emotionele afhandelingen

Het bespreken van financiële zaken of juridische kwesties kan een behoorlijke terugval veroorzaken in de harmonie en een drama worden. Schijnbaar, wanneer je goed in contact staat met jezelf. Je kan leren je eigen grenzen aan te geven en mag respectvol gedrag van elkaar vragen. Gebeurt dat niet, probeer dan een andere weg in te slaan en blijf niet vasthouden aan wat allemaal niet lukt en waar jullie het niet over eens zijn. Probeer bijvoorbeeld een neutrale vriend of vriendin bij jullie gesprekken te betrekken. Lukt dit niet, ga dan met een professionele mediator praten. Maar als je echt het gevoel hebt dat je voor jezelf moet opkomen door te vechten dan kan je natuurlijk ook direct naar een advocaat. De strijd die je op dat moment kiest te voeren met je partner is ook een afspiegeling van je eigen, innerlijke strijd. Je kan echter daarnaast ook naar binnen kijken en de verantwoordelijkheid nemen voor je eigen gevoelens en het idee loslaten dat de oorzaak bij je ex ligt. Je zult van een felle strijd beiden niet echt rustiger en rijker van worden, maar misschien wel wijzer! Het wantrouwen neemt toe en het gevecht is begonnen. Let wel, het gevecht met jezelf. Het monster komt los en je wordt je bewust van de angst en woede die er in je leven.

Dit is heel nuttig, het leert je direct dit deel te accepteren, maar je kan het ook opnieuw wegdrukken zodat het je kan meenemen naar toekomstige momenten van crisis. Je kan blijven volhouden dat je je wel zo moet opstellen omdat je ex 'zich zo vreselijk gedraagt' of 'omdat iedereen dat toch doet' en het 'normaal' is. Maar al deze uitspraken zeggen mij alleen maar dat je heel boos bent op jezelf. Dat je eigenlijk vindt dat je erin getuind bent, door verliefd te worden en te trouwen met zo'n idioot. Wanneer je begint te erkennen dat dit 'veroordelende monster' in jezelf alleen maar onrust schept kan je besluiten hier niet op te reageren. Je kan je gedachten en je gevoelens observeren zonder oordeel. Je kan de werking van het monster doorzien. Het houdt zich vast aan het verleden, het wil gelijk hebben ten koste van alles en het wil in stand blijven door de toekomst als angstig, onbekend terrein te zien. Het wil blijven bestaan. Dit monster van beperkende negatieve gedachten, het ego, pijnlichaam of het gewonde innerlijke kind, hoe je het ook noemt, zal niet die energie meer krijgen wanneer je het gaat observeren. Het zal in opstand komen en je proberen te vangen in gedachten die trekken naar het verleden of de toekomst. Maar wanneer je in het

Nu bewust bent van zijn werking zal je er los van komen en vrijheid ervaren.

Zo simpel kan het zijn. Op dit moment is er geen probleem met je ex. In het Nu kan je aanwezig zijn voor alles wat is en kan je je ademhaling rustig volgen. Probeer het eens en je zal zien dat je je meer ontspannen gaat voelen. Vrede en liefde zijn je natuurlijke staat, de rest creëert het 'denkmonster' waarmee je je identificeert. Probeer jezelf te herinneren dat je in het verleden de goede keuze hebt gemaakt, of je komt er achter dat je jezelf ernstig tekort hebt gedaan door iets waar je niet volledig achter stond. Prima, al die inzichten, dan ben weer een stap verder en je leeft. Ook op dit schijnbare strijdtoneel ben jij degene die kan kiezen, telkens opnieuw: ga ik voor de vrede of voor de strijd? En die keuze moet je soms elke dag of elke uur opnieuw maken.

Het is een illusie dat je moet strijden om te krijgen wat je wil. Dat zijn allemaal maatschappelijke normen en waarden die oorlog en advocaten in stand houden. Er zijn culturen en gemeenschappen geweest die dat nooit nodig hadden. Er zijn families die wel in vrede en harmonie kunnen praten, ook over minder leuke zaken. Dus jij kan dat ook. Je hoeft maar om je heen te kijken en je ziet talloze voorbeelden van mensen die op verschillende manieren met hun scheiding omgaan. Kijk, leer en kies dan hoe jij het wilt doen. En kom dan niet met dramatische verhalen als je voor strijd kiest want dat hoort erbij. Misschien komt er dan een dag dat je het zo beu bent, al het lijden, de spanning, de pijn en de angst dat je de strijd opgeeft en vrede sluit met jezelf door jezelf geen geweld meer aan te doen. Door te kiezen om die dingen te doen en die woorden te spreken die je rust en vreugde geven.

Dit hele verhaal zegt niet dat je alles maar over je heen moet laten gaan. Je kunt naar een mediator of advocaat gaan om financiële regelingen te treffen die jij wenst en rechtvaardig vindt. Het gaat er alleen om op wat voor manier je dit doet en met welke intentie. Ga je je gelijk halen en wraak nemen? Of probeer je in vertrouwen een financiële en stabiele basis te creëren die je verdient en waard bent. Dit gevoel van eigenwaarde kan niet bevestigd worden door een financiële regeling maar moet eerst van binnen ontstaan waarna het van buiten ook naar je toe zal komen. Probeer je met een opstelling van liefde voor jezelf een regeling te treffen dan doe je voor alle betrokkenen het beste. Je ex heeft er niets aan als je je opoffert of wegcijfert en je kinderen ook niet. Door van jezelf te houden zonder de ander naar beneden te halen kan je tot een goede communicatie komen en ben je een voorbeeld voor je familie en vrienden. Helaas geloven veel mensen niet dat het zo ook kan. Ze laten zich leiden door angsten of soap series, door een idee dat zij zich moeten verdedigen. Ze denken dat ze alleen voor zichzelf kunnen zorgen door de ander aan te vallen of uit te buiten omdat ze het vertrouwen in de ander kwijt zijn, wat natuurlijk weer een afspiegeling is van het verlies van vertrouwen en veiligheid die ze van binnen voelen.

Als je een regeling wilt treffen begin dan vooral eerst met het 'binnenwerk'. Waar sta je en wat wil je? Handel je uit liefde of uit wraak? Zolang je nog met wraak- en haatgevoelens rondloopt zal je als snel over hele andere zaken praten dan financiën en is dit ook weer een strijdpunt geworden om je negatieve gevoelens te kunnen afreageren op elkaar.

Regelingen over de kinderen

Kunnen jullie op een vriendschappelijke manier met elkaar omgaan en praten over de regelingen wat betreft de kinderen? Of worden de kinderen, net zoals de financiële zaken een strijdpunt waar jullie over kunnen strijden? Ook hier is het belangrijk alvorens je daar over begint te praten dat je duidelijk hebt waar je zelf staat en wat je wil. Wil je dat je partner de kinderen veel ziet of houd je ze liever weg bij je ex? Wil je zelf veel voor de kinderen zorgen of wil je eigenlijk iets anders? Ben je daar duidelijk over en maak je afspraken voor gesprekken hierover of wacht je totdat je ex ergens mee komt wat je vervolgens kan afkraken omdat je zelf nog niet weet wat je wilt?

De strijd om bezoekregelingen en halve afspraken daarover wordt dan een spel waarin jullie eigen onopgeloste emoties worden uitgewerkt. Kijk daar heel goed naar en wees eerlijk. Geef toe als je nog niet weet hoe vaak of wanneer je de kinderen wil zien en spreek ook een bedenktijd af waarna jullie weer in gesprek gaan over afspraken wat betreft de kinderen. Dit laatste is heel belangrijk. Daarmee neem je je ex en jezelf serieus. Laat het niet teveel op zijn beloop zodat het altijd een eenzijdig verzoek om duidelijkheid wordt van één van jullie. Probeer beiden dit actief te initiëren en afspraken te maken over wanneer jullie er over gaan praten. Dit geeft jullie beiden het respect waar ieder recht op heeft. Daarnaast is het ook handig te weten dat de bezoekregelingen zelfs nadat je het hebt vastgelegd, continu onderhevig zijn aan veranderingen.

De kinderen worden ouder, hebben andere wensen of kunnen ziek worden. En je kan zelf ook gaan verhuizen of ander werk krijgen, waardoor je wensen kunnen veranderen. Dit is heel lastig, vooral nadat je met veel pijn en moeite iets heb geregeld om dat vervolgens na een week weer te zien veranderen. Troost je dan met de gedachte dat alle ouders van kinderen hier mee te maken krijgen of ze nou samen wonen of niet meer.

Het vertrouwen in elkaar kan na een scheiding behoorlijk zijn beschadigd en de teleurstellingen zijn groot. Ieder heeft zijn eigen werkelijkheid en je kan proberen je in de werkelijkheid van de ander te verplaatsen wil je begrijpen waarom er ruzie blijft ontstaan. Jullie kinderen zorgen er in ieder geval voor dat je niet kan weglopen van elkaar. Door je kinderen moet je soms nog beter leren omgaan met elkaar omdat je veel moet samenwerken als je samen de opvoeding wil doen. Voor de rust en het welzijn van de kinderen is het goed kunnen praten en samenwerken absoluut noodzakelijk, want binnen de kortste keren moet je gezamenlijk gaan praten over de problemen die je kinderen hebben met zichzelf, school, hun puberteit of andere spanningen. Op die momenten hoop ik dat je je vijandigheid en verdedingsmechanismen opzij kan zetten voor de gezamenlijke liefde voor je kind. Maar het kan ook anders, beiden kunnen nog zo in de verwijtende sfeer blijven hangen dat een opbouwend gesprek over de behoeften van je kinderen erbij inschiet. Soms lijkt het alsof er niets veranderd is. Jullie slapen en wonen dan wel niet meer samen, maar de dagelijkse zorgen en problemen met de kinderen blijf je delen en dit deed je ook toen je nog samen was. Een positieve kant is dat je zorg en betrokkenheid met de kinderen misschien nu wel intenser is. Door een scheiding zie je dat de vanzelfsprekendheid van de hulp van je ex of de aanwezigheid van je kinderen wegvalt en je veel bewuster met elkaar leert omgaan dan daarvoor.

Wanneer je echter door je woede en de angst het contact van je kinderen met je ex tegenwerkt wees je dan ook bewust van de consequenties. Je kinderen zullen het je kwalijk nemen dat je dat doet en dat zal je terug krijgen. Zij zullen ook als eerste de andere ouder gaan idealiseren en wanneer ze het niet leuk vinden bij de verzorgende ouder zullen ze al snel 'vluchten' naar de ander. Op die manier zullen je kinderen opnieuw de spiegel voorhouden voor alle emoties en gevoelens waar je niet naar had willen kijken na de scheiding. Dan komt dat nog harder aan. Je kinderen zullen je ook afwijzen als jij nog steeds jezelf afwijst en veroordeelt. Zie het spel en de wetten van oorzaak en gevolg zich telkens weer voltrekken in je omgeving. Kijk naar het eindeloze drama dat de mensen zelf creëren om te leren en te ontdekken wie ze zijn. Oordeel niet, want ieder heeft zijn weg en zijn eigen tijd. Je kan echter wel dankbaar zijn voor de lessen die je kinderen je voorhouden. Je kunt je hart openen en een gevoel van medeleven geven door een blik, door een glimlach, door een woord aan hen die in dezelfde situatie zitten en het vaak net zo moeilijk hebben. Ook voor hen die blijven vasthouden aan de rol van slachtoffer, omdat ze de waarheid nog niet aankunnen of het inzicht niet hebben gekregen. Voor hen die hun hand uitsteken voor hulp. Er is zoveel te geven.

Het kan echter ook zijn dat de ouder die de kinderen het minst ziet, de situatie gaat saboteren. 'Overal' wordt verkondigd dat hij zijn kinderen niet mag zien. Later ontdek je dan dat hij ze wel kan zien, maar het alleen op zijn voorwaarden wil. De ene partner heeft een ritme voor de kinderen en kan meewerken in het vinden van een oplossing voor beiden. Maar wanneer de andere partner niet voor harmonie gaat en alleen maar drama wil, zal deze juist tegenwerken door zijn zin door te drijven zonder rekening te houden met het programma van de kinderen. Hij zal dan ook de kinderen juist dat geven wat de andere ouder niet fijn vindt. Dit doet hij dan als een actie tegen de ander en niet omdat hij het zelf zo verstandig vindt. Vaak zie je ouders dingen doen die ze nooit deden voor de scheiding. Kinderen worden overladen met cadeaus en mogen alles wat ze willen. Opnieuw een situatie waarbinnen je kan kiezen voor strijd of liefde. Laat je het even lopen zonder aanmerkingen of gaat je direct in de tegen aanval? Kan je wachten totdat de ander weer een beetje rustiger is geworden en niet meer zo bezig is met compensatiegedrag naar de kinderen of lopen je emoties hoog op?

Het vervelende is dat juist door dat gedrag de kinderen heel goed doorhebben dat er iets 'heel erg mis is'. Want 'waarom voelt de ene ouder zich dan zo schuldig en krijg ik opeens alles'? Ze kennen je zwakke plekken en zullen je proberen uit te spelen. Wanneer je nu het geheel van opvoeding, eten, kleren en schema's zoveel mogelijk op de gewone manier kan voortzetten, wennen kinderen veel sneller aan de nieuwe situatie. Wanneer de ouders 'normaal' doen, zich eerlijk en open gedragen over de scheiding en geen excessieve dingen doen zal dit veel rustiger en minder verwarrend voor de kinderen zijn.

Als je met liefde en aandacht je eigen negatieve gedrag kan doorgronden, waardoor je het spel van aanval en projectie kan doorbreken, is dat het grootste geschenk wat je je kinderen kan geven.

Een nieuwe relatie

Er komt een tijd dat je toe bent aan een nieuwe relatie. Er zijn mensen die al een nieuwe relatie hebben voordat ze gescheiden zijn en anderen zijn er pas na jaren aan toe. Wanneer je nog voor je scheiding een nieuwe relatie begint kan dit zeker complicaties geven. Er is namelijk al een ander in het spel, wat de communicatie niet hoeft te verbeteren. De ene partner kan zich namelijk verliefd voelen terwijl de ander in een shock verkeert over de scheiding. Tussen deze uitersten liggen nog vele andere varianten. Het direct opnieuw een andere relatie aangaan kan een vlucht zijn voor de pijnlijke gevoelens die met de scheiding te maken hebben en het kan gevolgen hebben voor de aandacht die het hele proces op dat moment vraagt. Je kan misschien door de afleiding minder steun en begrip opbrengen voor je ex-partner of weinig tijd maken om regelingen omtrent de kinderen en de financiën af te ronden.

Wanneer een van de partners met heel andere dingen bezig is dan met de scheiding kun je beter even wachten op een moment waarop beiden wel open staan om te praten. Regel je zaakjes dan liever zelf met andere mensen die wel bereid zijn je te steunen. Wanneer je in een zeer emotionele staat verkeert, kan je beter niet 'even snel' samen de regelingen treffen, maar naar een goede mediator gaan om de grote lijnen uit te zetten. De dingen op papier kunnen je uiteindelijk toch niet dat houvast geven waar je naar op zoek bent, maar kunnen je wel voor dat moment rust geven en een goed begin zijn voor verdere stappen.

Een derde speler kan ook verwarrend zijn voor kinderen. Zij zullen direct door hebben dat een van hun ouders de voorkeur heeft gegeven aan een andere man of vrouw. Dit is voor hen heel lastig te begrijpen. Heeft een van hun ouders dan zoiets slechts gedaan? Zijn ze niet lief geweest? Als je zo 'volwassen' bent om als ouder dan aan te geven dat het niets met de andere ouder te maken heeft, maar meer met het feit dat je zelf iets anders wilde omdat je je daar gelukkig bij voelt, dan nog vragen zij zich af waarom je dan weg gaat. Oké, een andere vriend of vriendin, ja die heb ik ook op school. Waarom doen jullie dan zo vervelend en afstandelijk tegen elkaar, waarom zien jullie elkaar dan zo weinig? Als de kinderen jong zijn, onder de tien jaar, zullen ze hier zeker mee komen. Als ze ouder zijn zullen ze misschien minder open zijn met hun vragen, maar ze zijn er wel! Je zou heel eerlijk kunnen antwoorden, zonder wrok en zonder een schuldige aan te wijzen. Maar dat is niet makkelijk. Het uitleggen van een scheiding met een derde in het spel is voor iedereen sowieso al lastiger en bedreigender.

Eerst hielden ze alleen hun ouders in de gaten maar nu horen ze al snel dat er nog iemand is die een rol kan gaan spelen in hoe de zaken er voor hen uit gaan zien. Als je samen de dingen kan bespreken, los van de inmenging van een nieuwe partner, dan geef je elkaar zeker het respect dat ieder verdient. Wanneer je dan je partner gaat vergelijken met een derde zullen die redenen meestal de werkelijke onvrede en angsten in jezelf verdoezelen. De nieuwe relatie is dan meestal een uitvlucht voor het niet kunnen uiten van je onvrede en het in openheid durven communiceren met je partner. Ook in deze situatie is het vertrouwen en de stilte zoeken in jezelf van groot belang, om zonder projecties met elkaar om te blijven gaan.

Maar wat als je pas na de scheiding iemand ontmoet die jou leuk vindt? Hoe stel je jezelf op in deze ontmoeting? Ben je alert of misschien een beetje bang waardoor je direct klaar staat met je oordeel over zijn verwachtingen en uitspraken? Of ben je in staat te luisteren en aanwezig te zijn om te genieten van het moment? Zie je telkens je ex in alles wat die ander doet of heb je moeite je tranen te bedwingen. Wees heel bewust, want je gevoelens en gedachten tijdens zo'n ontmoeting kunnen je precies vertellen waar je staat. Ben je meer aan het 'denken' dan aan het 'er werkelijk zijn'? Ben je bezig je emoties te onderdrukken en het onderwerp te vermijden of kun je zonder problemen over je eigen emoties praten? Heb je het meer over de acties van je ex of over je eigen leerproces? Het kan ook zijn dat je de ander alleen bekijkt vanuit het beeld hoe je zou willen dat hij of zij is. Het kan zijn dat je telkens de verschillen en de overeenkomsten opvallen die hij of zij met je ex heeft. Wanneer je ook maar even 'in het denken schiet' is het duidelijk dat je het ego laat overheersen en dat belet je volledig in het Nu te zijn en die persoon te leren kennen hoe die werkelijk is.

Maar wanneer je door de ontmoeting jezelf kan observeren en ook al je gedachten, kan je je heel bewust worden in wat voor patronen je zit. Zie wat je denken en je gevoel doen tijdens de ontmoeting. Door die opstelling kom je volledig in het moment te staan en zie je wat jou beheerst. Op die manier verleg je de nadruk van het doelgerichte denken naar bewustwording. Misschien ontdek je angst, verdriet of schuldgevoelens en ben je bang daaraan toe te geven. Ben je bang voor je kwetsbaarheid en emoties? Misschien voel je dat je nog steeds op zoek bent naar die ene vrouw of man die je redt uit je gevoel van onvrede en pijn en geloof je nog steeds in die perfecte relatie die je gelukkig maakt. Veroordeel je jezelf nog steeds, dan zullen dezelfde angsten in je nieuwe relatie ook weer snel naar boven komen. Speel je de rol die een ander van je verwacht om niet afgewezen te worden, dan zal je je snel in je nieuwe relatie weer net zo onderdrukt voelen als bij de vorige. Pas wanneer je inziet dat jij de situaties zelf in het leven roept om zo je illusies te leren kennen kun je door het uiterlijke drama heen prikken en gaan begrijpen. Relaties zijn daar een heel geschikt middel voor.

Je opstelling

Je kunt ervoor kiezen om je hart open te houden voor je ex. Deze opstelling zal je uiteindelijk veel rust kunnen geven. Belangrijk is wel dat je geen verwachtingen aan je liefde koppelt. Doe je dat wel, dan creëer je voor jezelf al teleurstellingen. Probeer de soepelheid die je tijdens je relatie had, nu ook tot elkaar te creëren, zonder dat je onduidelijk bent over je wensen en behoeften of over je heen laat lopen. Als je de ander kan accepteren zonder iets te willen veranderen dan kom je een heel eind door te zien wat jullie wel kunnen regelen binnen de mogelijkheden. Als je ex nooit echt gek op kinderen was, dan kun je zijn aandacht voor de kinderen blijven verwachten maar zijn prioriteiten en interesse liggen en lagen altijd al ergens anders. Als je ex altijd al zijn afspraken veranderde dan kan je verwachten dat zich dit na de scheiding voortzet. Als je ex altijd al veel voor de kinderen wilde zorgen en ze niet gemakkelijk uit handen gaf, dan kan je verwachten dat ze na de scheiding ook moeite heeft dit te doen. Probeer elkaars behoeften niet te bagatelliseren. Wanneer je geen eerbied kan hebben voor elkaars behoeften en wensen dan zul je dat ook zeker in mindere mate ontvangen.

Wanneer je de neiging voelt opkomen goedkeuring, bevestiging of aandacht van je ex te verwachten, kijk dan eerst naar jezelf. Vraag je af wat je doet. Je geeft je macht uit handen, opnieuw leg je je geluk in handen van je ex. Kijk en realiseer je je eigen machteloosheid. Het gebrek aan liefde en waardering voor jezelf, waardoor je dit verwacht en nodig hebt van de buitenwereld. Als het je ex niet is, dan zul je het snel weer zoeken in een nieuwe relatie of iets anders wat je in deze wereld moet neerzetten om je goed te voelen. Hoelang blijft je vrede en geluk afhankelijk van de prikkels en mensen van de buitenwereld? Hoelang blijf je nog hangen in het drama van 'goed en slecht' en 'mooie en mindere tijden'? Er is een andere manier. Wanneer je de eenvoud in je leven kan omarmen en voelt dat wanneer jij je oprechte aandacht en liefde geeft aan alle kleine dingen die je op een dag tegenkomt, dan zal dit je werkelijk de voldoening geven waar je naar op zoek bent. Door jouw opstelling en door aandacht te geven aan de dingen die voor je liggen, zullen alle handelingen, hoe onbenullig ook, je een nieuwe dimensie geven. Daardoor zullen de handelingen die je eerder energie ontnamen je nu energie geven. Het is jouw opstelling en jouw aandacht, elke dag, elk uur, elke minuut, waarbinnen je de volheid van je leven kunt leggen.

Gelukkig en tevreden

Wanneer kan je werkelijk oprecht vanuit je hart zeggen dat je gelukkig bent? Wees daar eerlijk in en verwacht niet dat je dit mentaal kan afdwingen. Er zijn na een scheiding heel wat fases te doorlopen en wanneer je je emoties blijft ontkennen en wegdrukken zul je nooit echt vrij worden om die lichtheid weer te voelen. Misschien tijdelijk wanneer je opgaat in je werk of een nieuwe relatie. Maar wanneer het rustig wordt om je heen en je voelt de dreigende stilte, word je je toch weer bewust van je woede, je pijn en je angsten die je niet de aandacht hebt willen of kunnen geven. Daarom is het heel belangrijk om juist die gevoelens aan te pakken wanneer ze naar boven komen. Stel het niet langer uit. Houd jezelf niet voor de gek dat 'tijd alle wonden heelt'. Er komt een dag dat je moet toegeven dat je niet eerlijk bent geweest. Zolang je er niet van overtuigd bent dat het je volledige aandacht vraagt om vrij te worden, verstop je je. Op dat moment kies je voor het onbewuste leven van lijden waarin je als een speelbal heen en weer wordt gegooid tussen plezier en pijn. De keuze om bewust en vrij te worden kan ook zonder de hulp en medewerking van je ex. Het is wel heel fijn als je het samen kan doen maar je kan het ook alleen. Jij kan zelf je eigen gevoelens de ruimte geven, jezelf accepteren, je angsten onder ogen zien en proberen de dingen te veranderen waar je niet trots op bent. Wees eerlijk! Je kan dit echt allemaal alleen. Wat een ander mens met jouw woorden van inzicht, liefde of spijt doet is de zaak van die ander. Jij hebt in ieder geval iets proberen recht te zetten door vanuit je eigen persoon te vertellen hoe je een situatie voelde, zonder ook maar enigszins de schuld te geven aan een ander. Jij bent verantwoordelijk voor jouw gevoelens, daden en woorden. Op die manier maak je de weg vrij, vrij om diep vanuit je hart gelukkig en tevreden te zijn, zonder te denken dat je dan een 'oude taart' of 'saaie zak' bent geworden.

Juist vanuit die stilte en rust kunnen je grootste talenten tot bloei komen en zal je efficiënter en effectiever te werk kunnen gaan. Er zijn immers veel minder strijdende gedachten en onderliggende gevoelens die je regelmatig storen, gedachten en gevoelens die je meestal met alle geweld probeerde te ontkennen en te ontlopen. Een scheiding is de kans om je prullenbak te legen. Om je functioneren en je gevoelsleven eens onder de loep te nemen. Je af te vragen waar je voor leeft en wat je het liefste doet. Je af te vragen waar je bang voor bent en waar je voor weg rent. Je af te vragen waar je wel wat begeleiding bij zou kunnen gebruiken. Neem die tijd en pak die kans. Het zal je leven verrijken.

Met dankbaarheid terugkijken

Voor veel mensen zal dit misschien te ver gaan. Zelf gelukkig proberen te worden is een proces waar je niet aan ontkomt na je scheiding. Maar kunnen inzien dat ook juist door de acties van je ex je de kans hebt gekregen om dichter bij jezelf te komen en jezelf beter te leren kennen klinkt misschien vreemd. Als we allemaal zouden kunnen inzien, dat we elkaar altijd spiegels voorhouden en een veilige omgeving proberen te creëren binnen een relatie waarin we onszelf kunnen zijn, dan zouden er veel minder dramatische scheidingen plaatsvinden. Dan zouden beiden elkaar de tijd en ruimte kunnen geven om in te zien wat het beste is. In het vertrouwen dat ze beiden geleid zullen worden naar een middenweg waarin de behoeften en wensen van beiden gehoord kunnen worden. Het leven is niet tegenstrijdig, al lijkt het wel zo wanneer je een relatie afbreekt. Geef net zo veel aandacht aan een scheiding als aan het besluit om te gaan samenwonen of kinderen te krijgen. Je wordt niet gelukkig wanneer je wegloopt zonder werkelijk te onderzoeken waar je van wegloopt in jezelf. Of wanneer je blijft vasthouden aan je angsten zonder te zien waar je werkelijk bang voor bent. Misschien stond je niet open voor een verandering in liefde binnen de relatie, omdat het betekende dat je ook naar jezelf moest gaan kijken en uitgenodigd werd tot nog meer eerlijkheid. Maar hoe het ook is gelopen, jij kunt altijd proberen te accepteren en in te zien dat het eeuwige geluk in jezelf ligt, los van de buitenwereld en veranderingen.

En als je dan die staat van geluk en rust weer voelt dan kan je misschien ook blij zijn voor je ex, zoals je dat voor een vriend ook zou voelen. Dan kan je met een warm gevoel terugkijken en dankbaarheid voelen voor die tijd die je samen had. Heb je de scheiding kunnen doorstaan zonder dat de tranen en donkere wolken, alle zonneschijn en liefde heeft doen vervagen die je voelde toen je samen was en je kinderen kreeg? Ik hoop van niet. Het leven komt en gaat in golven, zo ook jullie relatie en jouw leven. Ook je ontwikkeling en je ervaringen, en gelukkig ook maar. Want soms sluiten we ons af en komen de wolken zodat we later de zon in ons leven weer meer kunnen waarderen. Soms moeten we even stil zijn om weer te horen voordat we ons weer naar buiten kunnen richten. Om door alle ervaringen heen bewuster te worden van wie we zijn.

11. Een liefdevol geweldloos gesprek

Je geeft aan dat je behoefte hebt aan een gesprek. Zelfs hier kunnen de meningen al anders zijn maar ook al heb je helemaal geen zin, zal ik toch adviseren regelmatig de ruimte te scheppen voor het uitwisselen van gevoelens om zo beter te kunnen begrijpen wat jullie beweegt. Dit zijn daarnaast ook uitstekende voorgesprekken om de emotionele druk te verminderen, wat erg gewenst is als je nog allerlei regelingen moet treffen wat betreft je huis, de kinderen en financiële zaken.

Spreek af wanneer je gaat ontmoeten en doe dit op een rustig moment zonder dat jullie gestoord kunnen worden. Zet een bepaalde tijd voor de duur van het gesprek zodat je een begin en een einde schept en je daar aan probeert te houden. Spreek af dat er tijdens het gesprek een paar spelregels zijn die jullie zullen helpen niet te verzanden in verwijten en projecties.

Regel één

Ieder mag een bepaalde tijd praten waarin de ander luistert zonder opzettelijk in woorden of gedrag te reageren. Bijvoorbeeld twintig minuten.

Probeer je als luisteraar vooral te richten op wat je hoort en niet op je eigen emotionele reacties. Probeer je als prater vooral te richten op wat je voelt en of je dat gevoel goed onder woorden kan brengen.

Regel twee

Wanneer jij aan de beurt bent om te praten probeer dan alles op een dergelijk manier te communiceren dat je vanuit jezelf praat.

Ik ben gekwetst door die woorden of als je dat doet. Ik ben boos over die woorden en acties. Ik heb behoefte aan respect en begrip en dat kan je bijvoorbeeld op die manier aan mij duidelijk maken. Ik denk dat dit en dat verstandig is voor de kinderen of dat zij daar behoefte aan hebben. Ik word er verdrietig van als dit gebeurd. Ik wil graag andere dingen in mijn leven doen zoals... Ik ben hier en daar bang voor. Ik heb er behoefte aan dat je mij serieus neemt en respecteert en dat laat merken, ik heb behoefte dat je naar me kan luisteren zonder mijn gevoelens en emoties te veroordelen of later tegen me te gebruiken.

Vermijd de volgende uitspraken want die richten veel onnodige schade aan: Jij maakt mij boos, door jou voel ik me verdrietig, jij denkt alleen maar aan jezelf, jij bent ongevoelig, jij bent hysterisch. Doe niet zo gemeen, jij zorgt niet goed voor de kinderen, jij denkt alleen maar aan geld of aan sex. Ik ben gebleven voor de kinderen. Jij inspireert me niet meer. Jij hebt mij al zoveel aangedaan. Die ander is veel beter dan jij. Jij gedraagt je respectloos en onbeschoft. Jij luistert nooit. Jij doet altijd zus of zo en bent altijd al zo geweest. Onze relatie heeft nooit wat voor me betekent. Alles wat jij zegt vind ik zo'n onzin.

Regel drie

Je komt bij elkaar om elkaar te horen en niet om jezelf goed te praten of bevestiging te zoeken voor je eigen gedrag en gevoelens.

Dit is niet de bedoeling. Dan blijf je alleen maar op jezelf gericht. De rede van samenkomen is te horen en leren begrijpen. Heb jij voldoende aangegeven hoe jij je voelt dan kan de ander herhalen wat die denkt dat jij hebt gezegd. Wanneer jullie dat gedaan hebben kun je elkaar bedanken voor de aandacht om vervolgens het gesprek af te ronden. Als er behoefte aan is kan je een nieuwe afspraak maken wanneer je weer op deze manier wil samenkomen.

Een aantal van dit soort samenkomsten zal de druk van niet gehoorde emoties, angsten en gevoelens doen verminderen, waardoor de gesprekken over andere zaken makkelijker kunnen verlopen. Ongeacht wat de ander zijn gedachten zijn over jou gevoelens, je voelt je gehoord omdat je vrij hebt kunnen praten zonder dat de ander reageert vanuit zichzelf maar uitsluitend geprobeerd heeft te luisteren om jou te horen.

Natuurlijk kan je naast dit soort gesprekken ook samenkomen om dingen af te spreken. Maar dit soort gesprekken van alleen luisteren zijn altijd de moeite waard, tijdens de relatie en ook gedurende het gehele proces van scheiden.

Ik wens jullie veel aandacht en liefde voor elkaar, door alle fases heen, zodat je uiteindelijk met trots kan terugkijken dat je deze fases intens hebt kunnen beleven, wat je een dieper gevoel van waarde geeft over jezelf en de ander. En dat groeiende gevoel van waarde, wijsheid en liefde zal uiteindelijk je omgeving, vrienden, familie en je kinderen verrijken.

Donker en licht
Verdriet en vreugde
Angst en vertrouwen
Strijd en vrede
Vorm en vormloos
Dood en leven
Vrij in zijn

Spring mijn vriend
In het vibrerende hart van ons wezen

Spring in gewone dingen van het leven
Het veld van oneindige vervulling

Spring in het aanwezig zijn
Zodat verleden en toekomst je niet meer verscheuren

Spring in de eenvoud van het leven
Waar vrijheid leeft

Spring in het verlangen van je hart
Zonder iets of iemand buiten te sluiten

Spring in de zee van je gevoelens en gedachten
Wetende dat alles liefde is

Spring in de handelingen van het doen
Zonder een enkel doel te willen bereiken

Spring in de wereld van verbinding
Die je elke dag laat zien wat intimiteit is

Spring in dankbaarheid
Die je de genade schenk om dit alles te kunnen zien

Willemijn

Literatuur

Deze boeken zijn voor mij stuk voor stuk parels geweest in een tijd dat ik de zon niet voelde schijnen. Als een vogel die even vergeten was hoe ze kon vliegen, werd ik door het lezen van deze boeken weer herinnerd aan de Liefde die ik ben. Het werd me opnieuw duidelijk dat ik ook nu weer kan kiezen voor pijn of vreugde, voor liefde of voor strijd. Sommige boeken had ik al jaren, maar gaven juist in deze tijd weer een nieuwe dimensie. Andere boeken kreeg ik precies op het juiste moment in handen. Alle getuigen van wijsheid en inzicht en kunnen je een weg wijzen naar je eigen oneindige staat van liefde.

Alle schrijvers en boeken zijn makkelijk te vinden op internet.

Eckhart Tolle, De kracht van het Nu, Ankh-Hermes
Louise Hay, Je kunt je leven helen, De Zaak
Praagh van James, Verdriet en verlies geheeld, Kosmos
Annemarie Postma, Ik hou van mij, Andromeda
Paul Ferrini, Stilte van het hart, Ankh-Hermes
Paul Ferrini, Het wonder van liefde, Ankh-Hermes
Paul Ferrini, Terug naar onschuld, Ankh-Hermes
Brandon Bays, De helende reis, Het Spectrum
Kryon, De reis terug naar huis, Het Spectrum,
Richard Carlson en Benjamin Shield, Handboek van de liefde, Forum
M.Scott Peck, De Andere weg, Psychologie van liefde, discipline en spirituele groei, Rainbow
Debbie Ford, Heling na scheiding, Kosmos
Deepak Chopra, Leven in liefde, Kosmos
Erich Fromm, Liefhebben een kunst, een kunde, Bijleveld
De Dalai Lama, De kunst van het geluk, Rainbow
Tijdschrift Inzicht, Inzicht over relaties, Jaargang 5, Mei 2003
Yasmin Verschure, Liefde is al was is, Stichting Shanti
Frank Andrews, De kunst van het liefhebben, Synthese

Eva Pierrakos, Liefde nader bekeken, Padwerk en relaties, Ankh-Hermes
Een cursus in wonderen, Foundation of inner peace, Ankh-Hermes
Gary Zukav, Verhalen van de ziel, Kosmos
Gary Zukav, De zetel van de ziel, Servire
Jan Kersschot, Het is zoals het is, Ankh-Hermes
Byron Katie, Vier vragen die je leven veranderen, Het Spectrum
Byron Katie, Ik heb je liefde nodig, is dat zo?, Het Spectrum
Jan van Delden, Terug van nooit weggeweest, Samsara
Pierre Pradervand, De zachte kracht van de zegening, Ankh-Hermes
Krishnananda (Dr. Thomas Trobe), Face tot Face with fear, Koregaon Publications
Jan Geurtz, Verslaafd aan liefde, Ambo Amsterdam